花合わせが楽しくなる フローラ黒田園芸の

ハンギングBOOK

黒田健太郎

家の光協会

ハンギングとは、壁に掛けたり吊り下げたり、
限られた空間を上手に活用して立体的に飾ることのできる寄せ植えです。

小さなハンギングなら、気軽に植えて飾ることができます。
まずは気に入った草花を植えて楽しんでみましょう。
春や秋のガーデニングシーズンなら、長期間花を咲かせてくれる草花も多く出回りますし、
植える容器もブリキやバスケットなどカジュアルなものから、
アイアンなどでできたしっかりとしたものまで揃います。
きっとご自宅の雰囲気に合うような、ハンギング雑貨が見つかるはずです。

街中の雑貨屋さんで、「これ壁に掛けて使えないかな？」
そんなスタートでもおもしろいと思います。
かわいい容器さえ見つかれば、それに合わせるお花も選びやすいです。

この本では、園芸店で一般的に販売されている壁掛けや吊り鉢、リース、バスケットに加え、
魅力のある日用雑貨まで鉢として使用しています。
よくあるブリキのポットも、穴をあけてフックで引っ掛けて飾るだけで
かわいい壁掛けができあがります。
いつもの場所が、アイディアしだいで
ちょっと足を止める、素敵なシーンになったりする。
そんな新しい発見と豊かな時間を、
忙しい日常の中で楽しんでもらえたら嬉しいです。

黒田健太郎

目次

★本書では、一般的に園芸店で購入できる植物を中心に掲載しています。
あくまで植物選び、色使いなどの参考にしていただき、まったく同じものがない場合は、お近くの園芸店で手に入るもので代用してください。
★ハンギングを作るさいは、基本的にすべて鉢底石、培養土、元肥を使います(p.123〜124)。鉢底石の不要な場合は、明記しています。完成したらたっぷり水をやりましょう。
★植栽図、作り方の中の(　)内の数字は植える順番です。
★各植物の耐寒性については、0℃以下まで耐えられるものを耐寒性、0℃以下にならなければ大丈夫なものを半耐寒性、
5℃以上の環境でないと越冬が厳しいものを非耐寒性としています。

ハンギングバスケットのいろいろ

ハンギングの観賞方法を大きく分けると、空中に吊り下げる、壁やフェンスに掛ける、この2つになりますが、使用する容器にはいろいろな種類があります。
本書で使用している、代表的な容器の形状やデザイン、見せ方を紹介します。

吊り下げタイプ

空中に吊るして飾る、半円形のバスケットです。全方位から見えるため、360度どこからでも見劣りしない植栽を心がけましょう。容器の高さと草丈が1対1になるように意識し、中央部分を高く植えると、遠くから眺めても丸く美しいシルエットになります。枝垂れる植物を、容器の側面に垂らすと動きが生まれ、エレガント。

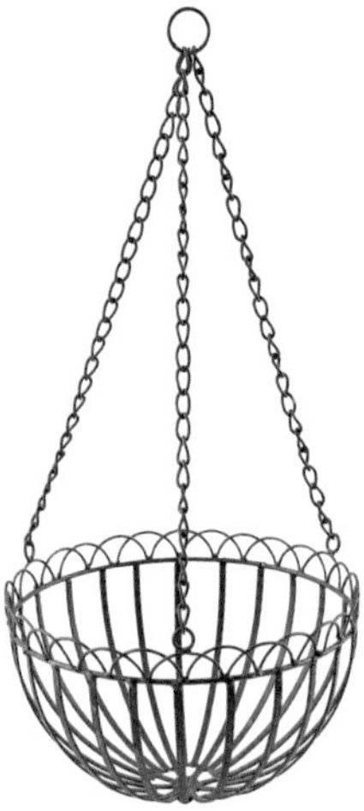

壁掛けタイプ

上部に植え込む、壁掛けタイプのバスケット。アイアンやワイヤー製のおしゃれなものが豊富で、形もさまざまです。大中小と高さの異なる植物で高低差をつけ、立体感を出すと美しく仕上がります。容器の手前に植物を枝垂れさせても。籐などの天然素材のバスケットは、植物とのなじみもよく、ナチュラルな雰囲気になります。

リース

中央に穴のあいた丸い形が特徴的なリース形バスケット。クリスマスに限らず、季節ごとの背丈の低い植物を活用すれば、一年中素敵に作れます。リースベースから植物がはみ出して形が崩れると、かわいらしさがなくなるので、生育がゆっくりな植物を選ぶか、こまめに剪定しましょう。

スリットバスケット

プラスチック製バスケットの側面に、スリット（切れ込み）が入っており、上面だけでなく、側面にも花を植え込むことができるのが、最大のメリット。草丈が高くなりすぎない植物を選び、バスケットを隠すように植えると美しくまとまります。壁掛けタイプが一般的ですが、吊り下げタイプ（p.114）もあります。

★各タイプのハンギングに合うおすすめの植物はp.46で紹介しています。

ハンギングの寄せ植えを上手に作るコツ

狭い空間でも、吊るしたり壁などに掛けたりして気軽に寄せ植えを楽しめるのがハンギングの魅力なので、特別難しいことはありません。園芸店で手に入れやすく、比較的少ない苗数で簡単に美しく決まるハンギングの作り方のコツを紹介します。四季折々に楽しんでください。

美しく作るコツ 1

草丈がそれほど高くならずこんもりと茂る植物を選ぶ

通常の鉢に比べてハンギング用は植え込み部分が浅いため、パンジーやペチュニアのように開花期間が長く、株が横に張ってコンパクトに茂る植物がおすすめです。できれば生育速度や好む環境が似ている植物を合わせれば、形が乱れにくく、管理がラクになります。

美しく作るコツ 2

視線が集まる正面中央に花の見せ場を作る

花の美しさを際立たせるには、植物の配置が大事です。無造作に植えれば散漫な印象になり、残念なハンギングに。視線が集まりやすい正面中央付近に主役となる花を固めてボリュームを出し、メリハリを利かせることで、より見映えのよいハンギングになります。

美しく作るコツ 3

半円を描くような丸いシルエットを意識する

鉢と植物のつなぎ目が角張らず、なだらかな曲線を描いてなじむように心がけましょう。鉢の両端や縁付近は草丈の低い植物を斜めに植えます。そして、中央部分がいちばん高くなるように植えれば、自然と丸くきれいなシルエットが完成します。

美しく作るコツ 4

花を引き立てる葉もので動きや陰影を作り、センスよく

メインの花を引き立てる葉ものの合わせ方で、寄せ植えの印象は変わります。動きを出すなら、つる性や枝先の細いリーフ類がぴったり。明るさを添えるなら黄色みがかった葉を、陰影をつけるなら茶系の葉を合わせて。リーフ選びがセンスアップのカギになります。

Part 1

吊り下げて飾る

空間に吊り下げて飾るハンギングは、360度どこから眺めてもきれいに見えることを意識して作るといいですね。市販の専用バスケットは便利ですが、気に入った雑貨類などに寄せ植えして吊るせば、オリジナルのハンギングになります。飾る空間の広さに合わせて、鉢のサイズを選ぶとバランスよく映ります。

ジョウロからふわりあふれ出る 季節の草花と遊ぶ

ジョウロ形の雑貨を、耐荷重のある園芸用の鉄線などで吊るせば、
絵本の中に登場しそうな遊び心にあふれた、かわいらしいハンギングが作れます。
春の日差しにきらめくワスレナグサの青い小花とアリッサムの黄色い小花の愛らしいこと。
枝が伸びたアリッサムを使うことであふれ出すような動きが加わり、躍動感たっぷり。

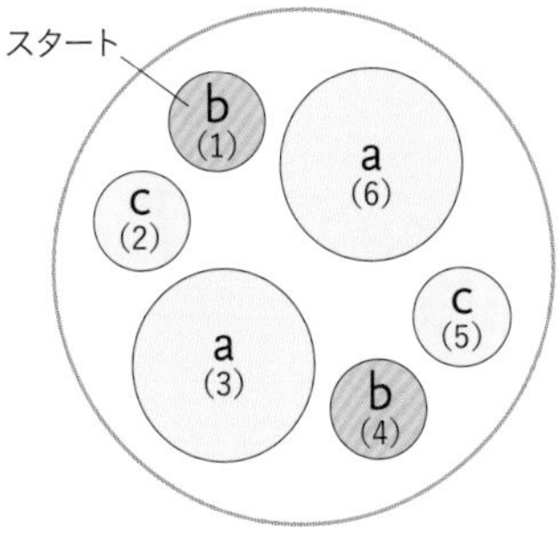

植栽図

a ワスレナグサ　2株
b アリッサム・サクサティーレ ‘サミット’ 2株
c クレマチス ‘ペトリエイ’ 2株

用意するもの

★ブリキのジョウロ
幅41×高さ21cm（植え込み部分直径19cm）
鉢底に排水用の穴を3か所あけておく（p.124参照）
★園芸用の鉄線

使用する植物

ワスレナグサ

ムラサキ科、耐寒性一年草　本来は多年草だが、日本の夏を越せないため、一年草扱い。乾燥を嫌うので、乾かしすぎに注意。

アリッサム・サクサティーレ ‘サミット’

アブラナ科、耐寒性多年草　スイートアリッサムとは別種。春に黄色い小花が一面に咲き、葉は冬でも常緑。乾燥に強い。

クレマチス ‘ペトリエイ’

キンポウゲ科、耐寒性多年草　春に小花が咲く。常緑の小葉はカラーリーフとして人気。枝垂れる草姿はハンギングに最適。

作り方

1

土を入れ、後方・左にアリッサム(1)の枝の動きを生かして鉢から垂れるよう、倒しぎみに植える。苗を植えるたびに土を足して株に寄せ、安定させる。

2

鉢の縁に沿って反時計回りに植えていく。クレマチス(2)を手前から垂れるように植えたら、ワスレナグサ(3)も花がきれいに見えるよう前に倒しぎみに植える。

3

アリッサム(4)を1と同様に植えたら、クレマチス(5)も枝が鉢から垂れるよう、前に少し倒して植える（写真）。最後にワスレナグサ(6)もきれいに見える角度を探して植える。

お手入れMemo　開花期は2〜5月。花後は暑くなる前に寄せ植えを分解しましょう。この種のアリッサムは庭植えもおすすめです。

鳥かご風の雑貨を生かした
ミニハンギング

小さくて繊細な雑貨には、小ぶりな花や葉をつける植物が似合います。
ただし、鳥かごの中に収まりすぎては魅力が半減。外に向かってのびやかに広がる枝が
生き生きとした表情を作りだします。素焼き鉢も、チラリと見え隠れする程度に
枝垂れる植物で覆うほうがナチュラルです。観葉植物などを利用すれば室内でもOK。

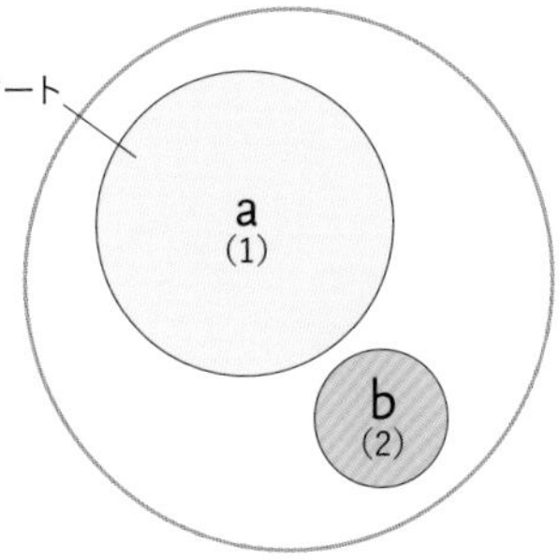

植栽図

a ゲラニウム‘ビルウォーリス’
b 斑入りマルバマンネングサ

用意するもの

★鳥かご風ブリキの雑貨
直径13×高さ25cm（チェーンの長さ24cm）
★3号の素焼き鉢
★ハイゴケ（水ゴケでも代用可）

使用する植物

ゲラニウム
‘ビルウォーリス’

フウロソウ科、耐寒性多年草　可憐な青紫の小花は主張しすぎず、どんな花とも好相性。夏は蒸れやすいので過湿を避ける。

斑入り
マルバマンネングサ

ベンケイソウ科、耐寒性多年草　日当たりと風通しのよい場所で管理。挿し木も容易。乾燥にも強く、敷石の間の植栽にも。

◆ゲラニウム以外の
おすすめ植物

・ネメシア
・アイビーゼラニウム
・エリゲロン
・バコパ
・リシマキア
・ツルコケモモ
など

作り方

1

土を入れ、後方・左に、ゲラニウム(1)を植える。手前に斑入りマルバマンネングサ(2)を縁から垂れるように植える。

2

株と株の隙間に土を足し、土の表面にハイゴケを敷いて土を隠す。

3

鉢を、鳥かご風の雑貨の中に入れる。枝が折れないように、気をつけて。

お手入れMemo　ゲラニウムも斑入りマルバマンネングサも、たまには枝数を減らすようにカットして形を整えましょう。

日常に彩りを添える
気軽なバスケットハンギング

元気なオレンジ色のジニアを格好よく楽しみたいときは、このアジュガのように
ちょっと暗めの葉色を合わせるのがコツ。そこに白い斑入り葉のセアノサスを加えて
明るさをプラスすれば、大人っぽく決まります。主役のジニアは気取りのない花だから、
ラフな雰囲気の取っ手付きバスケットに植えて、吊るしたり置いたりして楽しんで。

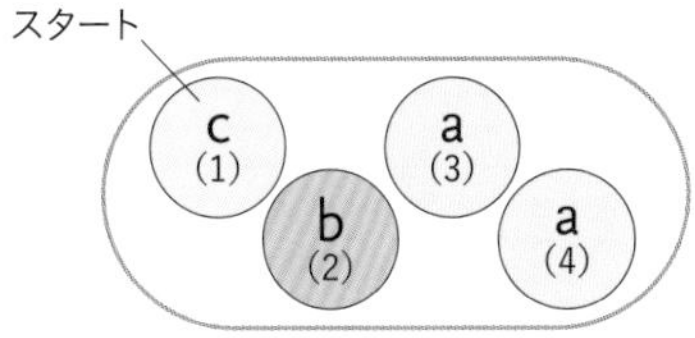

植栽図

a ジニア‘プロフュージョン’　2株
b アジュガ‘ラテアート’
c セアノサス‘クールブルー’

用意するもの

★バスケット
幅22×奥行き12×高さ26cm（植え込み部分14cm）
★ビニールシート
バスケットの側面と底より少し大きめにカットし、底になる部分に排水用の穴を3〜4cm間隔であけておく（p.93作り方1参照）

使用する植物

ジニア
‘プロフュージョン’

キク科、非耐寒性一年草
花色豊富で、5〜11月まで休まず咲く。花がらは早めに摘み取って。固形肥料なら月に一度与える。

アジュガ
‘ラテアート’

シソ科、耐寒性多年草
横に株を広げて成長。花を引き立てるカラーリーフとして鉢の縁から垂れるように使うと効果的。

セアノサス
‘クールブルー’

クロウメモドキ科　半耐寒性常緑低木　5月にライラックに似た花が咲く。白い斑入りの小葉は寄せ植えに重宝。多湿は苦手。

作り方

1

バスケットにビニールシートを敷き入れ、土を入れたら、バスケットの縁に沿ってビニールシートをカット。左にセアノサス(1)をバスケットの持ち手側に少し傾けて植える。

2

1の右手前に、アジュガ(2)をバスケットから垂れるように植える。株を回して、きれいに垂れる向きを見つけて植えるとよい。苗を入れたら、その都度土を少量足す。

3

約6割を主役のジニアが占めるイメージで、残りの場所に2株植える。後方に高さのあるジニア(3)を植え、手前(4)は少し前に倒しぎみに植えると丸いシルエットが描ける。

お手入れMemo　ジニア‘プロフュージョン’は伸びすぎたら、切り戻しを。アジュガは株が大きくなるので、秋に株分けしましょう。

自然素材の丸いバスケットは 緑のペチュニアですがすがしく

自然素材のバスケットには、緑色の花を咲かせるペチュニアのような
ナチュラルな色合いが似合います。形も丸みを帯びた鳥の巣風だから、
ボリュームのあるペチュニアの開花株を主役に据えて、こんもりと植えましょう。
脇には白い斑入りのナツメグゼラニウムを添えて、緑の花色を鮮やかに引き立てます。

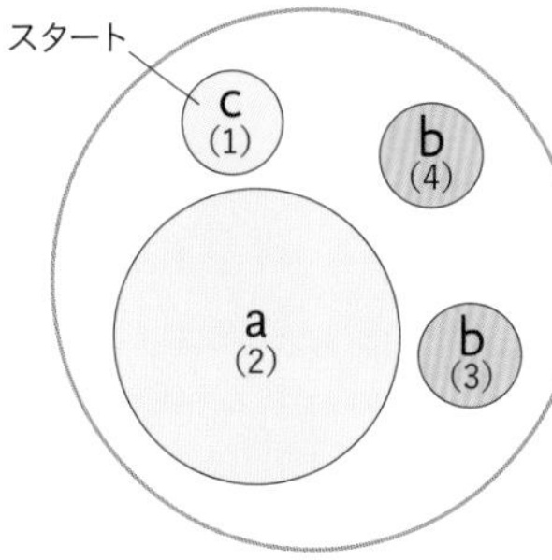

植栽図

a ペチュニア'湘南ヴェルデ'
b 斑入りナツメグゼラニウム　2株
c ロニセラ・ニティダ 'レッドチップ'

用意するもの

★バスケット
直径24×高さ12cm
付属のビニールに排水用の穴を3〜4cm間隔であけておく(p.93作り方1参照)
★マクラメ

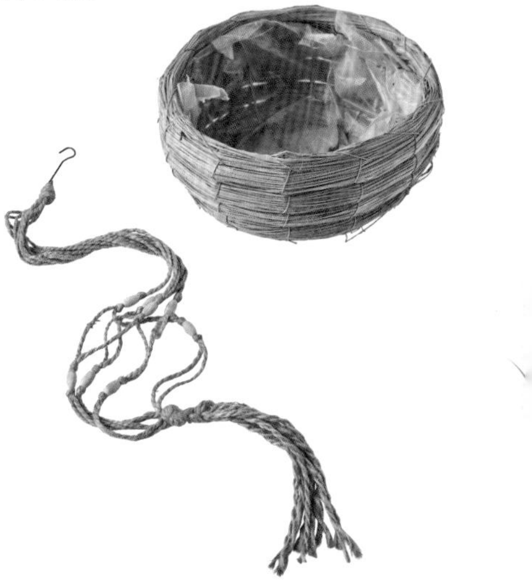

使用する植物

ペチュニア
'湘南ヴェルデ'

ナス科、半耐寒性多年草
緑色の花が印象的な八重咲きの品種。4〜11月まで開花。草姿が乱れたら切り戻しを行う。

斑入り
ナツメグゼラニウム

フウロソウ科、半耐寒性多年草　葉を触るとスパイシーな香りが。春〜初夏の小花もかわいいが、カラーリーフとして活躍。

ロニセラ・ニティダ
'レッドチップ'

スイカズラ科、耐寒性常緑低木　小葉を茂らせて、這うように伸びる。新芽の赤紫と緑葉の対比が美しい品種。剪定にも強い。

作り方

1

土を入れ、後方・左にロニセラ・ニティダ(1)を植える。枝をどう生かしたいのか向きを見極めて、左に倒しぎみに植える。

2

主役のペチュニア(2)をバスケットとつながって丸いシルエットになるよう、向きを見ながら少し前に倒しぎみに植える。植物を植えるたびに、土を少量足して安定させる。

3

あいている右の場所に、ナツメグゼラニウム2株(3、4)を植える。寄せ植え全体がどこから見てもこんもりと丸くなるように、向きや角度を確認しながら植える。

お手入れMemo　ペチュニアの枝が伸びて暴れ、花がまばらになったら、草丈の約半分で切り戻すと、若い枝が出て花数も増えます。

紫×白で涼やかに彩る、こんもりマルシェバッグ →作り方 20ページ

フランネルフラワーを、吊り鉢スタイルで楽しむ →作り方22ページ

紫×白で涼やかに彩る こんもりマルシェバッグ

マルシェバッグの魅力を最大限に引き出すポイントは、持ち手が隠れないような
コンパクトに育つ植物を選ぶことです。縁の形状に合わせてハンギングは両端を低くし、
山なりに仕上げましょう。枝垂れる植物を1つ加えることで、動きも生まれます。
アゲラタムの紫とベゴニアの白が、夏の太陽に負けず、秋まで涼やかに咲き誇ります。

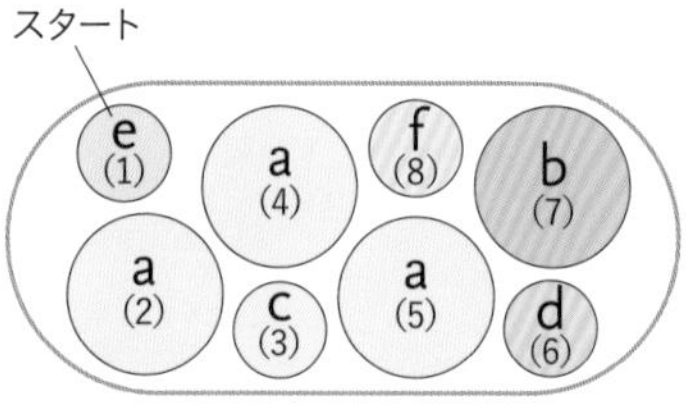

植栽図

a　アゲラタム 3株
b　ベゴニア'パソダブル・ホワイト'
c　ヘリクリサム'ホワイトフェアリー'
d　ナツヅタ・カルカザム
e　エッチュウミセバヤ
f　ドリクニウム・ジャーマニカム

用意するもの

★マルシェバッグ(ワイヤーバスケット)
幅28×奥行き17×高さ31cm(植え込み部分20cm)
★麻布　約55×55cm

使用する植物

アゲラタム

キク科、非耐寒性一年草
アザミに似た青紫色の小花を咲かせる。開花期は初夏〜秋遅くまで。株が乱れたら切り戻しを行う。

ベゴニア
'パソダブル・ホワイト'

シュウカイドウ科、非耐寒性多年草　緑葉の豪華な八重咲き種。暑さにも強く、ハンギングはもちろん花壇にもおすすめ。

ヘリクリサム
'ホワイトフェアリー'

キク科、半耐寒性多年草
白い短毛に覆われた葉と茎は、横に這うように広がる。冬は霜や寒風を避け、軒下で管理を。

ナツヅタ・カルカザム

ブドウ科、耐寒性落葉つる性木本　不規則に斑が入り、吸盤を使って壁面を這い上がる。ハンギングではきれいに枝垂れる。

エッチュウミセバヤ

ベンケイソウ科、耐寒性多年草　ブルーグレーの丸葉が特徴的なやや大型種。寒さに強い宿根草で、地上部を枯らして越冬。

ドリクニウム・
ジャーマニカム

マメ科、耐寒性多年草
細長い小葉をつけ、繊細な印象。初夏に白い小花を咲かせる。寄せ植えに動きをつけるときに重宝。

作り方

1

バスケットの取っ手は下げ、土がこぼれないよう麻布を敷き入れ、土を入れる（水はけがよいので、鉢底石は不要）。麻布は縁から5〜6cmはみ出させると、仕上がりのバランスがよい。

2

バスケットを目分量で前後2列に分け、植える場所を意識する。左端後方にエッチュウミセバヤ（1）を、その手前に、アゲラタム（2）をバスケットの縁に沿うように植える。その右隣にヘリクリサム（3）を植える。

3

ヘリクリサム（3）の後方に、アゲラタム（4）を植える。端に植えた植物より少し高く植え、なだらかな山形になるように仕上げる。ヘリクリサムの右隣に、もう1株のアゲラタム（5）をバスケットの縁に沿うように植える。

4

アゲラタム（5）の右横に、ナツヅタ・カルカザム（6）を、つる先が自然と中央に向かって枝垂れるように植える。

5

バスケットの右端に、ベゴニア（7）を右側に傾け、バスケットの縁に沿うように植える。

6

後方の隙間に、ドリクニウム・ジャーマニカム（8）を、外側に少し傾けて植える。バスケットの取っ手を上げ、ドリクニウム・ジャーマニカムの枝数本を、流れを生かしてベゴニアの間を縫うように這わせる。

お手入れMemo　アゲラタムは、新しいつぼみが下にできてくるので、咲き終わった花がらは房ごとカットします。

フランネルフラワーを吊り鉢スタイルで楽しむ

バスケットの高さを生かし、背丈のある苗を選ぶとボリュームが出て、見映えのする1鉢に。
春の人気花、フランネルフラワーのマットな白を引き立てるのは、淡い緑とシルバーリーフ。
可憐な小花が無数に咲く、クレマチス'ペトリエイ'で足元をさわやかに彩りましょう。
枝垂れる植物を適度に取り入れることで自然と動きも生まれます。

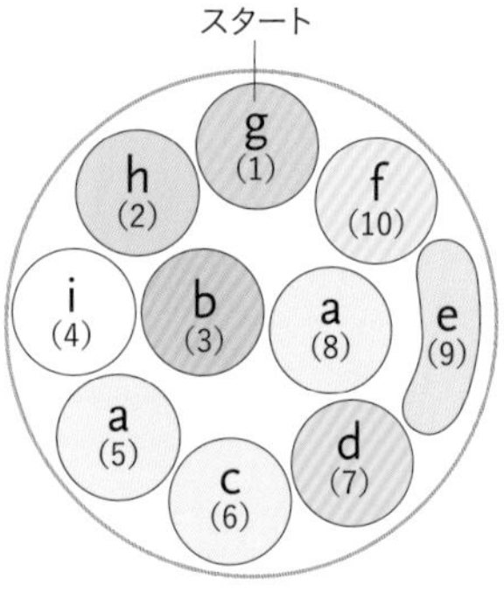

植栽図

- a フランネルフラワー 'フェアリーホワイト' 2株
- b ライスフラワー
- c クレマチス'ペトリエイ'
- d セラスチウム
- e ヘリクリサム'シルバースター'
- f ユーフォルビア・ディワリ
- g リッピア'ダルシス' (スイートハーブメキシカン)
- h バコパ'スノークリスタル'
- i グレコマ・ヘデラセア 'バリエガータ'

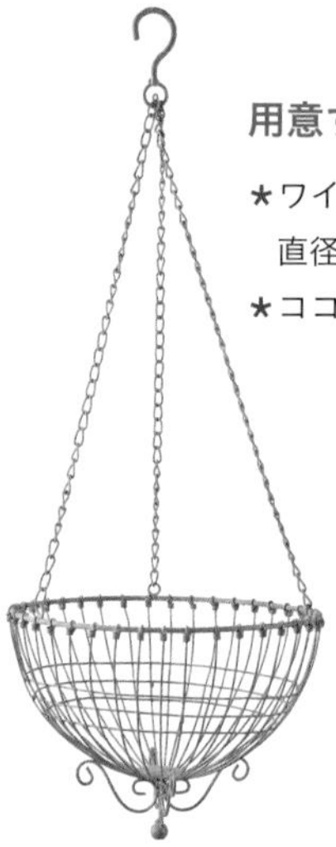

用意するもの

★ワイヤー製バスケット
直径30×高さ24cm（チェーンの長さ60cm）
★ココヤシファイバー

使用する植物

フランネルフラワー
'フェアリーホワイト'

セリ科、半耐寒性多年草 花や葉、茎に短い毛が密生するシルバーリーフ。草丈30cmの矮性種。湿気に弱く乾燥ぎみに管理。

ライスフラワー

キク科、半耐寒性常緑小低木 オーストラリア原産。寒さと高温多湿が苦手。夏は涼しい半日陰で、冬は凍らないように管理。

クレマチス
'ペトリエイ'

キンポウゲ科、耐寒性多年草 花径3cmの淡い緑の花が咲く、小型で常緑性の品種。細かい葉は花のない時期も美しい。

セラスチウム

ナデシコ科、耐寒性多年草 春～初夏に小さな白い花が枝先に咲く。シルバーの小葉はきれいでカラーリーフとしても人気。

ヘリクリサム
'シルバースター'

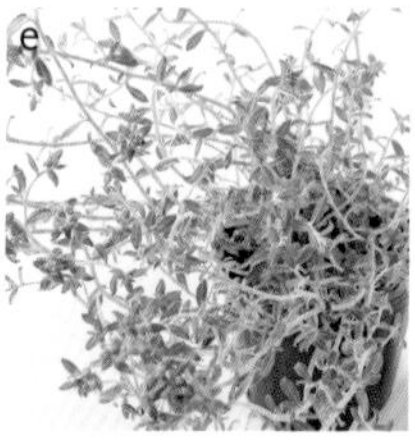

キク科、耐寒性多年草 シルバーの小葉が印象的。冬は霜や寒さを避けて軒下に。蒸れないよう枝数を減らすように剪定を。

ユーフォルビア・
ディワリ

トウダイグサ科、非耐寒性多年草 暑さに強く、初夏～晩秋まで休まず開花。ふんわり形よくまとまるのでハンギングに◎。

リッピア'ダルシス'
（スイートハーブメキシカン）

クマツヅラ科、非耐寒性多年草 横に這うように広がり、花と葉はさわやかに香る。冬は寒さを避けて室内で管理を。

バコパ
'スノークリスタル'

ゴマノハグサ科、半耐寒性多年草 八重咲きの小花は、春と秋に咲く。夏は半日陰で管理。茂りすぎたら、切り戻しを。

グレコマ・ヘデラセア
'バリエガータ'

シソ科、耐寒性多年草 緑葉に美しい散り斑が入る品種。きれいに枝垂れるので、吊り鉢や壁掛けにおすすめ。非常に強健。

作り方

1

底が球状で自立できないバスケットは、バケツなどに入れると作業しやすい。ココヤシファイバーを板状(厚め)に広げ、バスケットの底→側面の順に隙間なく敷き詰め、土を入れる(水はけがよいので、鉢底石は不要)。

2

後方・中央にリッピア(1)を真っすぐに植え、その後、左回りに植えていく。バコパ(2)を外側に少し角度をつけて植える。バコパは匍《ほ》匐《ふく》タイプもあるが、今回は立ち上がるタイプを選んだ。

3

中央より少し左寄りに、ライスフラワー(3)を植える。ハンギングの高さを決める芯となる存在なので、仕上がりをイメージしながら角度を決めるとよい。その左に、グレコマ・ヘデラセア(4)を枝垂れるように植える。

4

フランネルフラワー(5)を、外側に少しはみ出すように植える。3で植えたライスフラワー(3)とグレコマ・ヘデラセア(4)となじむように意識して植える。

5

クレマチス(6)を、前方やや左寄りに枝垂れるように植える(写真)。その右横に、セラスチウム(7)を手前にはみ出すように植え、その後ろにフランネルフラワー(8)を植える。

6

フランネルフラワー(8)の右横に、ヘリクリサム(9)を植え(写真)、バスケットの外に枝垂れさせる。ユーフォルビア・ディワリ(10)を、隙間を埋めるように植える。最後にクレマチスの長い枝1〜2本を持ち上げ、ほかの植物と絡ませると自然な雰囲気に。

お手入れMemo　花がらをこまめに摘み取ります。夏まで咲かせたら、風通しのよい涼しいところで管理しましょう。

小ぶりなバスケットを並べて吊るして明るくさわやかに

持ち手付きの小ぶりでかわいいワイヤーバスケットを雑貨店などで見つけたときは
土が流れ出ないようにココヤシファイバーを敷けば、気軽に鉢として楽しめます。
元気はつらつとしたオレンジ色のランタナ・カマラに、黄色がかった葉のイワミツバや
白い斑入り葉のハツユキカズラを合わせ、さわやかにカジュアルに仕上げました。

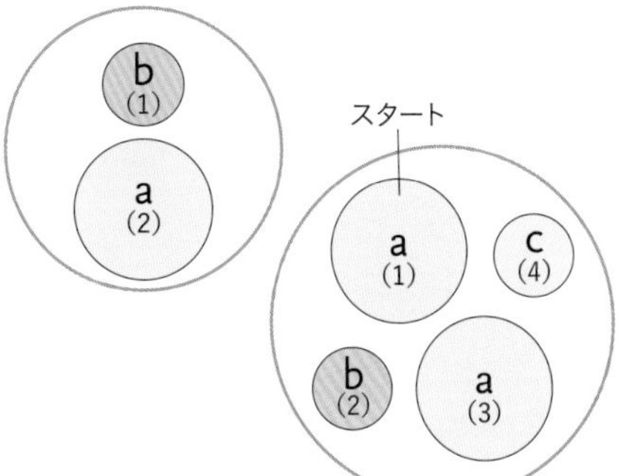

植栽図

a ランタナ・カマラ　3株
b ハツユキカズラ　2株
c 斑入りイワミツバ

用意するもの

★ワイヤーバスケット
大：直径18×高さ30cm（植え込み部分15cm）
小：直径14×高さ24cm（植え込み部分12cm）
★ココヤシファイバー

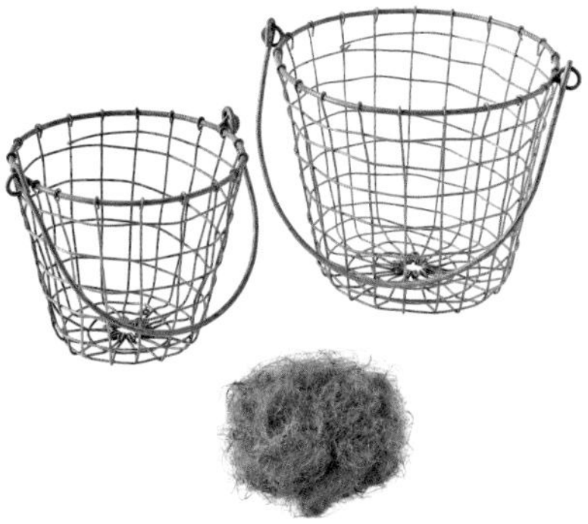

使用する植物

ランタナ・カマラ

クマツヅラ科、半耐寒性常緑低木　初夏〜晩秋まで次々と開花。咲き進むにつれて花色がどんどん変わる。暑さに強い。

ハツユキカズラ

キョウチクトウ科、耐寒性多年草　ピンクや白の斑が入る新葉が美しいカラーリーフ。ハンギングで枝垂れさせるのに重宝。

斑入りイワミツバ

セリ科、耐寒性落葉多年草　淡い緑葉はさわやかな印象で、寄せ植えを明るく引き立てる。耐寒性が強く、非常に丈夫。

作り方

1

バスケット・大にココヤシファイバーを敷き、土を入れる（鉢底石は不要）。後方・左にランタナ(1)を植え、ハツユキカズラ(2)の枝先が自然に垂れるよう、少し倒して植える。

2

手前の目立つ場所に植えるのは、主役のランタナ(3)。株を回しながら、花がよく見える角度を探して植える。

3

残った場所にイワミツバ(4)を植える。植え穴が狭ければ、土を少し掘り出して植える。最後に隙間があれば、土を足し入れる。もう1つも植栽図通りに植える。

お手入れMemo　休まず花を咲かせるランタナは花後にボロボロと落ちますが、芯の部分が残りがちなのできちんと取り除きましょう。

甘い香りが初夏を告げる、クチナシが主役の白いハンギング →作り方 28ページ

吊るして、ときには置いて。ナチュラルな雰囲気を鳥かごで楽しむ →作り方 30ページ

甘い香りが初夏を告げる クチナシが主役の白いハンギング

吊り下げスタイルの持ち味は、ボリュームと高さが出せること。とはいえ、初夏です。暑苦しくならないよう、色は白を基調に、アスパラガスやユーフォルビアのようなふわっと広がりのある植物を選び、のびやかに、軽やかに仕上げましょう。濃い緑をもつリーフ類を組み合わせることで、白い花もより生き生きと輝きだします。

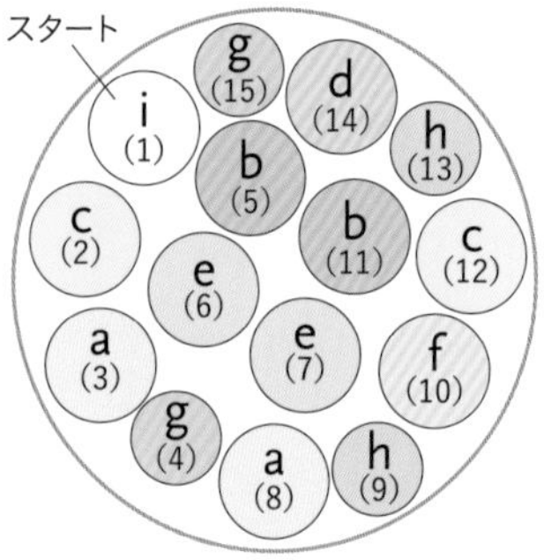

植栽図

a ヌマタ クチナシ 2株
b アンゲロニア‘セレナ・ホワイト’ 2株
c ユーフォルビア‘ダイアモンドフロスト’ 2株
d ランタナ・カマラ
e ハツユキソウ 2株
f ルメックス・サンギネウス
g アスパラガス‘スプレンゲリー’
h エスキナンサス‘サンライズ’
i ヘデラ‘アイリッシュレース’
◆g、hは2つに株分けして使用

用意するもの

★バスケット
直径29×高さ15cm（チェーンの長さ45cm）
付属のビニールに排水用の穴を3〜4cm間隔であけておく（p.93作り方1参照）

使用する植物

ヌマタ クチナシ

アカネ科、耐寒性常緑低木　初夏に咲く、バラのような八重咲きの花は、香りもよい。純白からやがてクリーム色に変化。

アンゲロニア ‘セレナ・ホワイト’

ゴマノハグサ科、非耐寒性多年草　よく分枝し、コンパクトな草姿でまとまって花をつける。暑さに強く、秋まで開花。

ユーフォルビア ‘ダイアモンドフロスト’

トウダイグサ科、非耐寒性多年草　寒さには弱いが、春〜晩秋まで長く楽しめる。茂りすぎたら、低い位置で切り戻しを。

ランタナ・カマラ

クマツヅラ科、半耐寒性常緑低木　初夏〜晩秋まで長く開花。ハンギングはもちろん、花壇でも人気。強い霜は避けて管理。

ハツユキソウ

トウダイグサ科、非耐寒性一年草　白い斑入り葉で、枝の先端に小さい黄緑の花を咲かせる。白葉は涼しげで、夏向き。

ルメックス・サンギネウス

タデ科、耐寒性多年草　ハーブ・ソレルの仲間で、緑葉に赤紫の葉脈が美しい。シックな趣で、ハンギングのアクセントに。

アスパラガス ‘スプレンゲリー’

キジカクシ科、半耐寒性多年草　細い葉を密につけ、四方に分枝する。ふんわり広がるので、吊り下げるハンギングに重宝。

エスキナンサス ‘サンライズ’

イワタバコ科、非耐寒性多年草　熱帯性で、夏は戸外でよく育つが、葉焼けしないよう、真夏の直射日光は避けて半日陰に。

ヘデラ ‘アイリッシュレース’

ウコギ科、耐寒性常緑つる性木本　葉は濃い緑で、深く切れ込みが入る。強健で育てやすい。寒くなると黒みを帯びる。

作り方

1

自立しないバスケットは、バケツなどに入れて安定させる。土を入れ、後方・左にヘデラ(1)を枝垂れるように植える。左回りにユーフォルビア(2)、続いてヌマタ クチナシ(3)を半球状のラインになるように植える。

2

ヌマタ クチナシ(3)の手前に、株分けしたアスパラガス(4)を外側に倒して植える。中央後方に、芯となるアンゲロニア(5)を植える。ヌマタ クチナシの延長線上で曲線を描くようなイメージで植えると、高さが決めやすい。

3

アンゲロニア(5)の手前に、ハツユキソウ(6)を1株、斜め手前にもう1株植える(7)。先に植えたアンゲロニアとつながるようにし、白い固まり部分を形成する。

4

アスパラガス(4)の右隣、正面中央に、ヌマタ クチナシ(8)をもう1株植える。花が正面を向くよう、外側に角度をつけて植えるときれい。その右に、株分けしたエスキナンサス(9)を枝垂れるように植える。

5

エスキナンサス(9)の隣に、ルメックス・サンギネウス(10)をバスケットから少し飛び出す感じで植える(写真)。その後方・左奥にアンゲロニア(11)、その隣にユーフォルビア(12)を外側に角度をつけて植える。

6

ユーフォルビア(12)に沿うように、株分けしたエスキナンサス(13)を縁から枝垂れるように植える。その隣に、ランタナ・カマラ(14)を植える。最後に、株分けしたアスパラガス(15)をふわっと広がるように植える。

お手入れMemo　月に一度、固形肥料を施します。ユーフォルビアはよく茂るので、様子を見て剪定しましょう。

吊るして、ときには置いて。ナチュラルな雰囲気を鳥かごで楽しむ

鳥かごは、内側の空間の高さを意識して植物を選ぶとバランスよく寄せ植えできます。主役は、這うように広がる鮮やかな黄色のビデンス。そこに反対色となる紫色の花を組み合わせることで、黄色がパキッと目立ちます。高さのあるミントブッシュや枝垂れるアメリカヅタを使い、鳥かごからあふれ出るような自然な動きを加えました。

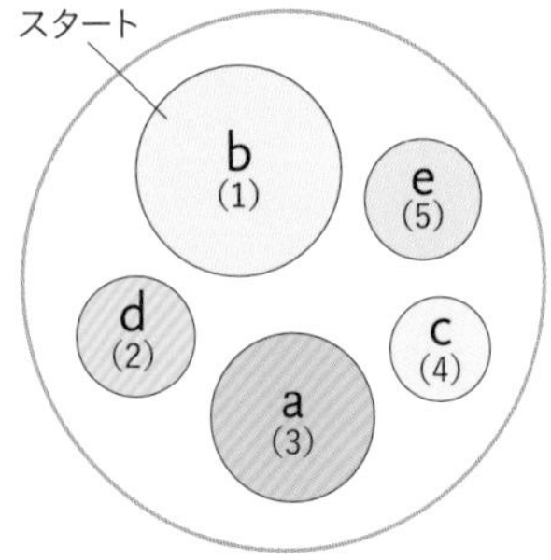

植栽図

a ビデンス‘ゴールデンエンパイア’
b ヘリオトロープ‘ブライドブルー’
c カリブラコア‘ウノダブル グレープフリル’
d アメリカヅタ‘バリエガータ’
e ミントブッシュ‘モンシェリ’

用意するもの

★鳥かご
直径24×高さ46cm（植え込み部分12cm）
★ココヤシファイバー

使用する植物

ビデンス
‘ゴールデンエンパイア’

a

キク科、半耐寒性多年草 草丈は低く、横に広がる草姿はハンギング向き。真夏と真冬以外、ほぼ周年開花。日向を好む。

ヘリオトロープ
‘ブライドブルー’

b

ムラサキ科、非耐寒性多年草 開花期は4〜9月と長い。濃い紫色が寄せ植えの引き締め役にぴったり。過湿に注意。

カリブラコア
‘ウノダブル グレープフリル’

c

ナス科、半耐寒性多年草 こんもり咲き広がる草姿はハンギング向き。草姿が乱れたら草丈の半分くらいで切り戻すとよい。

アメリカヅタ
‘バリエガータ’

d

ブドウ科、耐寒性落葉つる性木本 マーブル模様の斑入り種。きれいな模様を維持するには、日当たりのよい場所で育てて。

ミントブッシュ
‘モンシェリ’

e

シソ科、半耐寒性常緑低木 斑入り葉は美しく、葉に触れるとミントに似た香りが。暑さは苦手なので、夏は半日陰で管理。

作り方

1

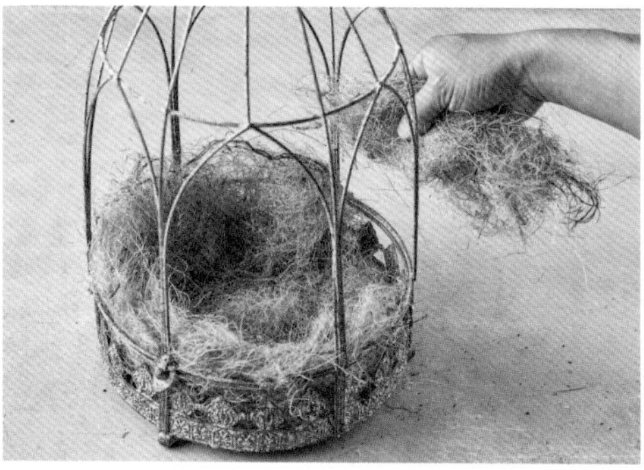

土がこぼれないよう、鳥かごにココヤシファイバーを敷く。ココヤシファイバーをふわふわと広げて板状にし、まずは底に敷く。続いて側面に沿わせて軽く押しつける。土を入れると圧縮されるので少し厚くてよい。

2

土を入れ(鉢底石不要)、後方・左にヘリオトロープ(1)を真っすぐ植える。鳥かごの枠から植物があふれ出る自然な仕上がりにしたいので、蓋を閉めて植える。枠の間から手を出し入れしやすいものを選ぶとよい。

3

ヘリオトロープ(1)の手前・左にアメリカヅタ(2)を植える。鳥かごの枠から長い枝が枝垂れるよう、少し左寄りに株を倒して植える。

4

中央手前にビデンス(3)を植える。上を向いて咲く花なので、手前に少し角度をつけて植えると、花が見えやすくなる。

5

ビデンス(3)の右隣にカリブラコア(4)を植える。枝垂れるように咲く花なので、手前に少し倒して植えると動きも出て映える。

6

後方・右にミントブッシュ(5)を植える。鳥かごの枠から枝先が飛び出るように植えると自然な印象に。最後、枝先を鳥かごに絡めて完成。

お手入れMemo　終わった花はこまめに取り除いて。ヘリオトロープは房ごとカットし、ビデンスは花茎の根元で切ります。

白いバスケットの上で
風に揺れる、センニチコウの花畑

細長い茎の先に、丸い花を咲かせるセンニチコウのナチュラルな草姿を
ハンギングにも素直に生かしてみました。草丈がバスケットの高さの1.5倍あれば、
バランスがよく、遠くから見たときに素敵に映ります。白いバスケットに
センニチコウとゴンフレナのピンクの濃淡が風に揺れる姿はかわいいですよ。

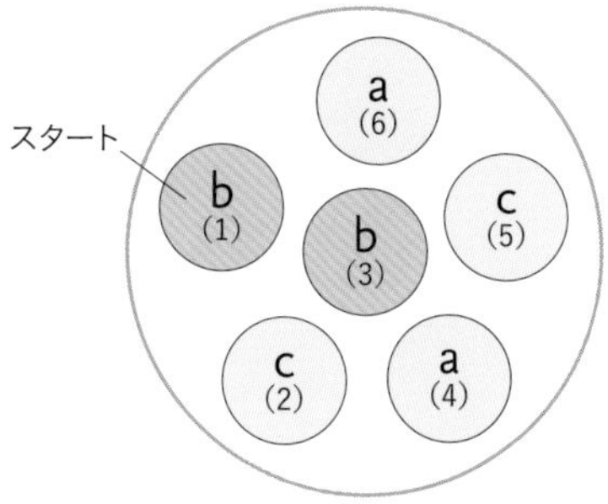

植栽図

a センニチコウ
　‘ラズベリーフィールド’ 2株
b ゴンフレナ‘ラブラブラブ’ 2株
c クナウティア
　‘サンダー＆ライトニング’ 2株

用意するもの

★バスケット
直径28×高さ15cm（チェーン部分45cm）
付属のビニールに排水用の穴を3〜4cm
間隔であけておく（p.93作り方1参照）

使用する植物

センニチコウ
‘ラズベリーフィールド’

ヒユ科、非耐寒性一年草
秋まで次々と開花する丸い花は、苞（葉が変化）なので長く楽しめる。乾燥に強いが、過湿には弱い。

ゴンフレナ
‘ラブラブラブ’

ヒユ科、非耐寒性一年草
センニチコウの仲間。よく分枝して春から晩秋まで咲き続ける。高温多湿、乾燥、強い日差しに強い。

クナウティア
‘サンダー＆ライトニング’

スイカズラ科、耐寒性多年草　クリーム色の斑入り葉は美しく、夏の直射にも強い。初夏〜秋にスカビオサ似の花が咲く。

作り方

1

土を入れ、後方・左にゴンフレナ(1)、その手前の左にクナウティア(2)を植える。寄せ植え全体で鉢となじんで半円を描くよう、少し手前に角度をつけて植える。

2

鉢の中央に、いちばん高さのあるゴンフレナ(3)の苗を植える。寄せ植えの中央を高くすることで、きれいな半円が描ける。

3

右の手前に、センニチコウ(4)を鉢のほうに少し倒しぎみに植える（写真）。クナウティア(5)、センニチコウ(6)も同様に植える。

お手入れMemo　センニチコウとゴンフレナは、カットした枝をまとめて逆さに吊るしておくと、簡単にドライフラワーができます。

シックな紫の花色で
花の白さをみずみずしく際立たせて

真っ白なセイロンライティアの花色をさわやかに引き立てるために選んだのは、
シックな紫色のカリブラコアです。光を受けて明るく輝く白に対し、この紫は暗く沈む色。
“明”と“暗”を合わせることで、白い花がぐっと浮き立ってきれいに映えます。
片側1か所から長く垂らしたヘデラの流れで軽やかな動きをプラスしましょう。

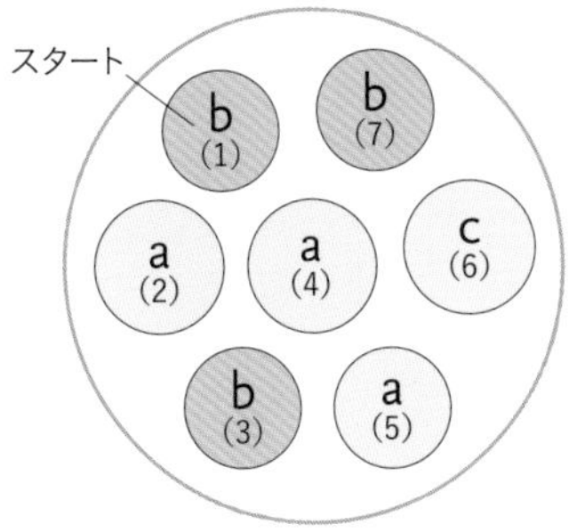

植栽図

a セイロンライティア　3株
b カリブラコア‘ウノダブル ブルー’　3株
c ヘデラ‘レイム’

用意するもの

★ワイヤーバスケット
直径25×高さ19cm（チェーン部分52cm）
★ココヤシファイバー

使用する植物

セイロンライティア

キョウチクトウ科、非耐寒性常緑低木　純白の小花と緑葉の対比は美しく、晩秋まで咲く。日当たりのよい環境と水を好む。

カリブラコア
‘ウノダブル ブルー’

ナス科、半耐寒性多年草
小輪なので、ほかの草花となじませやすい。八重咲きのウノダブルシリーズは花色が豊富で華やか。

ヘデラ‘レイム’

ウコギ科、耐寒性常緑つる性木本　丈夫で育てやすく、若い苗は寄せ植えに重宝する。小葉で切れ込みが深く入った品種。

作り方

1

p.23作り方1と同様にココヤシファイバーと土を入れたら、後方にカリブラコア(1)、左手前にセイロンライティア(2)を植える。カリブラコア(3)を手前に倒しぎみに植える。

2

バスケットの中央に、いちばん高さのあるセイロンライティア(4)の苗を植える。寄せ植え全体が半円になると仕上がりがきれい。

3

手前・右にセイロンライティア(5)を、右後方にヘデラ(6)を植える。ヘデラは枝先が右から左に垂れると動きが出て美しい（写真）。最後にカリブラコア(7)を植える。

お手入れMemo　セイロンライティアはたまに切り戻しをして草丈を抑えましょう。カットすることで枝数も花数も増えていきます。

豪華な大輪ダリアが主役。あでやかな秋色ハンギング

秋は、吊り下げタイプのハンギングに適した草丈のある植物が豊富に揃う季節です。
ここでは、赤紫の華のあるダリアを中心に、葉色だけでなく、赤い実や白い小花も
アクセントになるジュズサンゴとアルテルナンテラを組み合わせて秋を演出。
風に揺れるカレックスと枝垂れるリッピアの紅葉も加わり、花の輝きは増すばかり。

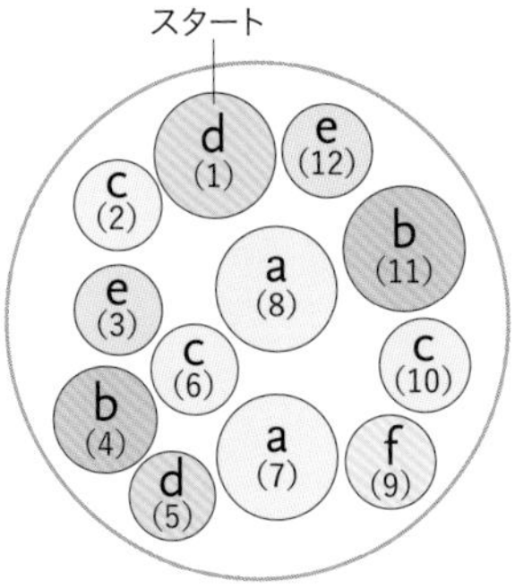

植栽図

a ダリア‘ダリナ・マキシコリマ’ 2株
b ダリア‘ダリナ・マキシエミリオ’ 2株
c ジュズサンゴ 3株
d アルテルナンテラ‘レッドフラッシュ’ 2株
e カレックス‘ブロンズカール’ 2株
f リッピア‘ダルシス’
（スイートハーブメキシカン）

用意するもの

★アイアン製バスケット
直径30×高さ17cm（チェーンの長さ50cm）
★ココヤシファイバーマット
別売りでサイズが合わない場合は大きめサイズを選び、3か所に切れ込みを入れて重ねるように敷いておく（p.123参照）

使用する植物

ダリア
‘ダリナ・マキシコリマ’

キク科、半耐寒性球根
大輪、八重咲きのダリナ・マキシシリーズ。春〜秋まで開花。枯れ始めたら早めに茎元で切って。

ダリア
‘ダリナ・マキシエミリオ’

キク科、半耐寒性球根
株姿はコンパクト。過湿を嫌うので水やりは土が十分乾いてから。日当たりと風通しのよい場所に。

ジュズサンゴ

ヤマゴボウ科、半耐寒性多年草　光沢のある小さな赤い実が連なる姿は愛らしく、紅葉も楽しめる。半日陰でも実をつける。

アルテルナンテラ
‘レッドフラッシュ’

ヒユ科、非耐寒性多年草
赤紫の大きな葉が美しいカラーリーフ。白い花は秋に開花。花の姿から別名、アカバセンニチコウ。

カレックス
‘ブロンズカール’

カヤツリグサ科、耐寒性多年草　細い葉の先がカールした、茶褐色の小型グラス。寄せ植えやハンギングなどに使いやすい。

リッピア‘ダルシス’
（スイートハーブメキシカン）

クマツヅラ科、非耐寒性多年草　葉と花にさわやかで甘い香りがあり、這うように枝を伸ばす。冬は切り戻して室内で管理。

作り方

1

土を入れ(鉢底石は不要)、後方中央にアルテルナンテラ(1)を植え、左横にジュズサンゴ(2)を植える。その手前に、カレックス(3)を植える。いずれも枝や葉先が外側に広がるように、向きを見ながら植える。

2

左端に、ダリア‘ダリナ・マキシエミリオ’(4)を外側に少し角度をつけて植える。その右手前に、アルテルナンテラ(5)を、枝ぶりを見ながら外側に少し角度をつけて植える。

3

アルテルナンテラ(5)の後ろに、ジュズサンゴ(6)を植える。カレックス(3)とダリア(4)をつなぐような感じで植えるとよい。中央手前に、ダリア‘ダリナ・マキシコリマ’(7)を外側に少し傾けて植える。

4

鉢の中央に、ダリア‘ダリナ・マキシコリマ’(8)をもう1株植える。この株で全体の高さが決まる。植え終わった左側が、半球状になっているか確認する。

5

手前・右端に、リッピア(9)を縁から枝垂れるように植える。枝の流れを生かし、ダリアに数本を1本ずつ絡めるようにすると、より自然な仕上がりになる。

6

鉢の縁に沿って、ジュズサンゴ(10)を植える。その後ろに、ダリア‘ダリナ・マキシエミリオ’(11)を外側に傾けるように植える(写真)。残った隙間に、カレックス(12)を、葉先が外に広がるように植える。

お手入れMemo　ダリアは次々に咲くので、花がらはすみやかに茎元でカットしましょう。

36ページの
ハンギングを
仕立て直して
楽しむ！

ひと足早く季節を呼び込む 春色ラナンキュラス

秋花から冬花に植え替えるなら、夜間の気温が10℃を下回るころが目安です。
印象的な赤系ダリアから、黄色系のかわいいラナンキュラスで大胆にイメージチェンジ！
黄色に、白や淡い緑の花色を加えると、清々しくも華やかな雰囲気に仕上がります。
連続して使うカレックスのブロンズ色も黄色と相性がよく、初々しさを引き立てます。

秋の開花期(p.36)。

12月上旬。花期が終わり草姿が乱れぎみ。

使わずに養生する植物

ダリアは、花がらと古葉を取り、軒下で管理。葉が黄変したら球根を掘り上げて貯蔵(6月ごろ)。寒さに弱いリッピアとアルテルナンテラは切り戻して室内で、ジュズサンゴは切り戻して軒下で春まで管理を(p.70参照)。

1 ダリア‘ダリナ・マキシコリマ’ 2株
2 ダリア‘ダリナ・マキシエミリオ’ 2株
3 リッピア‘ダルシス’(スイートハーブメキシカン)
4 ジュズサンゴ 3株を1鉢に
5 アルテルナンテラ‘レッドフラッシュ’ 2株を1鉢に

連続して使う植物

バスケットから抜き出し、養生する植物と同様に不要な根を整理し、ひと回り小さくしたら、ポットなどに仮植えを。汚い葉があれば、取り除きます。

i カレックス‘ブロンズカール’ 2株

新たに追加する植物

ラナンキュラス‘リール’

キンポウゲ科、半耐寒性球根 薄い花びらが重なり合い、大輪の豪華な花姿。秋植え球根で、苗は12月下旬～春に出回る。

ラナンキュラス‘ナンド’

キンポウゲ科、半耐寒性球根 花弁は淡い黄で、濃い黄と合わせると引き立つ。日当たりのよい場所で、霜や凍結に注意。

ラナンキュラス‘ボーヌ’

キンポウゲ科、半耐寒性球根 花弁にオレンジの縁取りが入り個性的。花後に葉が黄変したら球根を掘り上げ貯蔵する。

ラナンキュラス
‘エムオレンジ’

キンポウゲ科、半耐寒性球根 深みのある濃い花弁。球根が腐らないよう過湿に注意。次々と咲くので追肥を忘れずに。

プリムラ・ジュリアン
‘マスカットのジュレ’

サクラソウ科、耐寒性多年草 上品な緑の花で、花弁の縁が波打つフリル咲き。どんな色とも合い、華やかな引き立て役に。

プリムラ・ポリアンサ
‘アラカルト ホワイト’

サクラソウ科、耐寒性多年草 アラカルトは寒さに強く、育てやすい改良種。花茎を伸ばした先に、小輪の花がたくさんつく。

プリムラ・ポリアンサ
‘アラカルト イエロー’

サクラソウ科、耐寒性多年草 5月上旬まで咲くが、夏の暑さは苦手。真夏は直射日光を避け、涼しい半日陰で管理。

カルーナ
‘ガーデンガールズ’

ツツジ科、耐寒性常緑低木 −10℃まで耐えるが暑さは苦手。花は開かずにつぼみの状態で色づく。グラウンドカバーにも。

球根植物の苗は

ラナンキュラスなどの球根植物は根がデリケート。ポット苗から取り出したら、根鉢の肩の部分を軽く落とす程度にして、やさしく扱うこと。

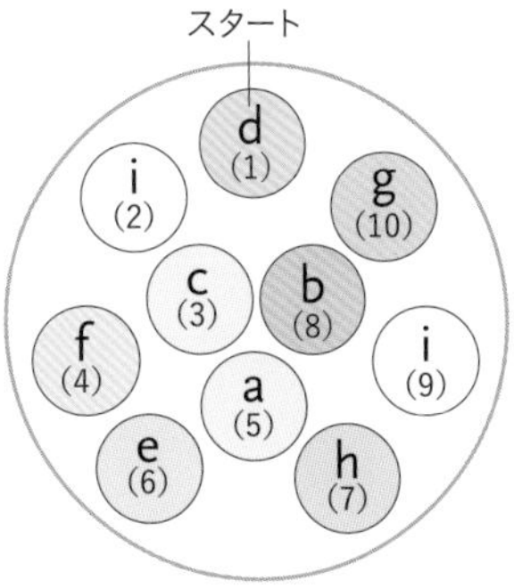

植栽図

a　ラナンキュラス‘リール’
b　ラナンキュラス‘ナント’
c　ラナンキュラス‘ボーヌ’
d　ラナンキュラス‘エムオレンジ’
e　プリムラ・ジュリアン‘マスカットのジュレ’
f　プリムラ・ポリアンサ‘アラカルト ホワイト’
g　プリムラ・ポリアンサ‘アラカルト イエロー’
h　カルーナ‘ガーデンガールズ’
i　カレックス‘ブロンズカール’ 2株（再び使用）

用意するもの

★アイアン製バスケット（再び使用）
直径30×高さ17cm
（チェーンの長さ50cm）

★ココヤシファイバーマット
使用していたものを再利用。
約1年はもつ

作り方

1

土を入れ（鉢底石は不要）、中央奥にラナンキュラス‘エムオレンジ’(1)を植え、左隣にカレックス(2)を植える。この2つと三角形になる位置に、ラナンキュラス‘ボーヌ’(3)を植える。

2

左手前に、プリムラ・ポリアンサ‘アラカルト ホワイト’(4)を植える。中央やや手前に、ラナンキュラス‘リール’(5)を植える。高い花茎が鉢の中央に、低い花茎が外側になるよう、向きを見ながら植える。

3

左手前に、プリムラ・ジュリアン‘マスカットのジュレ’(6)、その右隣にカルーナ(7)を枝垂れるように植える（写真）。ラナンキュラス‘リール’(5)の右後方に、ラナンキュラス‘ナント’(8)を植える。

4

ラナンキュラス‘ナント’(8)の右手前に、カレックス(9)を植える。残ったスペースに、背の低いプリムラ・ポリアンサ‘アラカルト イエロー’(10)を植える。全体が、美しい半円を描いているか確認する。

お手入れMemo　花期が長いラナンキュラスやプリムラは花後、花茎の根元でカット。霜に注意し、夕方には軒下に移動を。

陽光を浴びてゆらゆらと
吊り鉢で見せる美しい花穂

小ぶりな吊り下げ鉢で広がりのあるハンギングを作るなら、サルビアやベロニカのような花穂を立ち上げる植物を、放射状に丸く見えるよう倒しぎみに植えるのがコツです。
青や紫の花穂を引き立てるのは、反対色の黄色系。コウシュンカズラの鮮やかな花に加えて、アムソニア・フブリクティなどの葉色も効果的に配し、秋空に映える印象的な1鉢に。

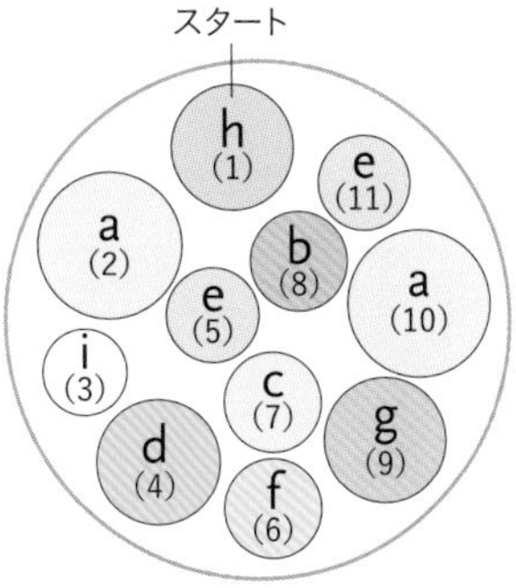

植栽図

a サルビア・レウカンサ（メキシカンブッシュセージ） 2株
b ベロニカ・オルタナ（トウテイラン）
c コウシュンカズラ‘ミリオンキッス’
d ユーパトリウム
e アムソニア・フブリクティ（チョウジソウ） 2株
f シモツケ‘ゴールドフレーム’
g カレックス‘フロステッドカール’
h プリペット‘レモン＆ライム’
i フィカス・プミラ

用意するもの

★アイアン製バスケット
直径23×高さ23cm（チェーンの長さ35cm）
★ココヤシファイバーマット
別売りでサイズが合わない場合は大きめを選び、3か所に切れ込みを入れて重ねるように敷いておく（p.123参照）

使用する植物

サルビア・レウカンサ（メキシカンブッシュセージ）

シソ科、半耐寒性多年草 短毛に覆われた紫の花穂は、フェルトのような上品な質感。冬は軒下に移動するなど防寒が必要。

ベロニカ・オルタナ（トウテイラン）

オオバコ科、耐寒性多年草 青紫の花とシルバーの葉や茎が美しいルリトラノオの仲間。暑さ寒さに強く育てやすい宿根草。

コウシュンカズラ‘ミリオンキッス’

キントラノオ科、半耐寒性常緑低木 初夏〜秋に黄色い花穂を次々と立ち上げる。関東以西の温暖地では、軒下で越冬可能。

ユーパトリウム

キク科、耐寒性多年草 淡い紫のアザミを小さくしたような花が夏〜秋に咲く。冬に地上部が枯れても春に芽を出す宿根草。

アムソニア・フブリクティ（チョウジソウ）

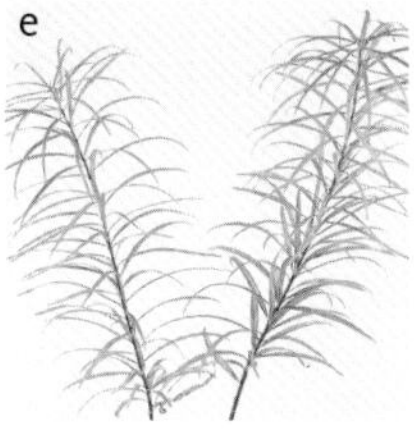

キョウチクトウ科、耐寒性多年草 秋にオレンジ〜黄に色づく、細葉の品種。茎の先端に水色の星形の花が4〜6月に咲く。

シモツケ‘ゴールドフレーム’

バラ科、耐寒性落葉低木 鮮やかなライム色の葉は美しく、新芽は赤く色づく。秋には株全体が赤く紅葉し、落葉して越冬。

カレックス‘フロステッドカール’

カヤツリグサ科、耐寒性多年草 淡い緑色の細葉のグラスで、葉先が美しくカール。ふんわりやさしい雰囲気作りに重宝。

プリペット‘レモン＆ライム’

モクセイ科、耐寒性常緑低木 ライム色の覆輪が入るカラーリーフ。初夏に白い小花が。コンパクトに育てるには剪定を。

フィカス・プミラ

クワ科、耐寒性多年草 枝は這うようにして伸びる。斑入り葉は寒さに弱いが、緑葉種は寒さに強く、冬も戸外で楽しめる。

作り方

1

自立しないバスケットは、バケツなどに入れると作業しやすい。土を入れたら（鉢底石は不要）、後方にプリペット（1）を、左隣にサルビア・レウカンサ（2）を植える。縁側が低く、中央が高くなるように苗の向きを見る。

2

1の手前に、フィカス・プミラ（3）を縁から枝垂れるように植える。

3

2の右横に、ユーパトリウム（4）を手前に少し傾けながら、隣の植物となじむように植える。アムソニア・フブリクティ（5）を少し外側に角度をつけて植え、全体が半円状になるようにする。

4

ユーパトリウム（4）の右横に、シモツケ（6）を少し外側に傾けて植えて、隣となじませる。その後方に、コウシュンカズラ（7）を、左手前のユーパトリウム（4）とつながるようなイメージで植える。

5

ベロニカ・オルタナ（8）を植え、半円の頂点になるように意識する。シモツケ（6）の右隣に、カレックス（9）を葉の流れが外に広がるように植える。後方は植えやすいように鉢を回転させ、サルビア・レウカンサ（10）を植える。

6

残った隙間に、アムソニア・フブリクティ（11）を外側に倒しぎみに植える。

お手入れMemo　サルビアは、花穂の6割ぐらいが咲き終わったら、花茎の根元のところでカットしましょう。

モビール感覚で楽しむ多肉植物

ぷくぷく、ツンツン……。肉厚で、ユニークな色と形が魅力の多肉植物。乾燥に強く、水を多く必要としないので、小さな雑貨を鉢代わりにして気軽に育てられます。形の違うあき瓶に植え、吊るせば完成。ゆらゆら揺れる様子を眺めているだけで、なんとも涼しげ！　明るい窓辺で、乾いたなと感じたら、霧吹きで水をあげる程度のずぼら管理で大丈夫です。

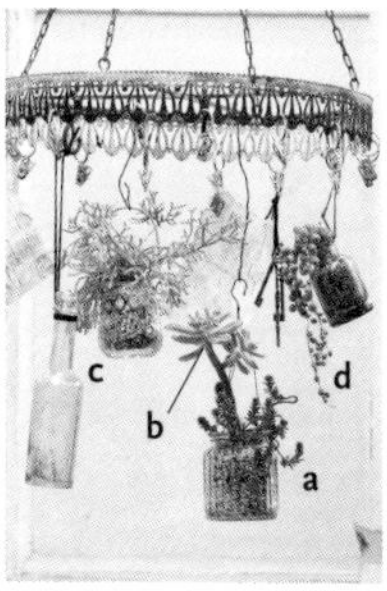

使用した植物

- a モリムラマンネングサ
- b フロスティー
- c リプサリス・カピリフォルミス
- d ピーチネックレス

Point 1

根が腐らないための工夫

底に穴がないので根腐れ防止剤を少量入れてから多肉植物用培養土で植えます。土が下まで行き渡るように割り箸などで押し込んで。

Point 2

吊るす場所も物も自由自在

ワイヤーでS字フックを手作りすれば、好きな場所に吊るせます。長さを変えて、お気に入りの雑貨と一緒に飾れば、楽しみも倍増。

Column 1

ハンギングのタイプ別おすすめ植物

ハンギングの代表的な3タイプの特徴を生かした、
目指す仕上がりのイメージと、季節ごとに主役にしたいおすすめの植物を紹介します。
植物は入手しやすく、育てやすいものを中心に選んでいます。

吊り下げタイプ

仕上がりのポイント

360度どこから見ても丸いシルエットになるのが理想です。鉢の径が大きいほど豪華になります。

植物の選び方・植え方

◆草丈のある植物も使える。いちばん背の高い植物は、鉢の深さと同じくらいから1.5倍ほどのものを選ぶ。
◆高・中・低と高さの違う植物を選び、中央に高い植物、その外側に中くらい、縁には低い植物を配置して、半円形になるように植えると、まとまりやすい。
◆枝垂れる植物は縁に配置して、部分的に側面を覆うときれい。

壁掛けタイプ

仕上がりのポイント

バスケットの側面のデザインを含めた美しさを意識し、植物の高低差を生かして立体的な仕上がりにします。

植物の選び方・植え方

◆どんな植物もOKだが、左右の両端は背の低いもの、中央に高い植物を植えて半円を意識すると、まとまりやすい。
◆奥行きのある鉢は、奥から手前に向かって高・中・低となるよう、高さの違う植物で高低差をつける。
◆枝垂れる植物は、バスケットを覆いかぶさない程度に配置。
◆手前に苗を少し傾けるように植えると、自然な印象になる。

スリットバスケット

仕上がりのポイント

バスケットを隠すように、植物で覆い、丸いウエディングブーケのような仕上がりを目指します。

植物の選び方・植え方

◆草姿が自然と丸くなり、かつ背丈が高くなりすぎない草花がおすすめ。
◆開花期が長い花を主役にすると、長期間楽しめる。
◆リーフ類は、株分けできるものは株分けしてちりばめて配置すると、より繊細なイメージに。
◆枝の長い植物を使うと、植物の数が多くなくても、隙間が目立ちにくい。

各季節のおすすめ植物

	◎吊り下げタイプ	◎壁掛けタイプ	◎スリットバスケット
春	★サザンクロス ★バーベナ ★アークトチス ★リモニウム・ペレジー ★ペチュニア ★ハゴロモジャスミン	★這性ペチュニア ★アイビーゼラニウム ★フロックス ★ペラルゴニウム‘ラベンダーラス’ ★ネメシア ★ミニバラ	★ベゴニア・センパフローレンス ★ネメシア ★ロベリア ★ダイアンサス ★マトリカリア ★ワスレナグサ
夏	★ランタナ ★ユーフォルビア‘ダイアモンドフロスト’ ★カラミンサ ★アンゲロニア ★オキシペタラム ★セイロンライティア	★這性トレニア ★セイロンライティア ★トウガラシ ★ペンタス ★アメリカンブルー ★ユーフォルビア‘ダイアモンドフロスト’	★アゲラタム ★ジニア・プロフュージョン ★メランポジウム ★ニチニチソウ ★ランタナ ★イポメア
秋	★アメジストセージ ★アルテルナンテラ・ポリゲンス ★ハシカンボク ★コウシュンカズラ‘ミリオンキッス’ ★ハロラゲス・メルトンブロンズ	★マム ★ミニダリア ★センニチコウ ★ヒューケラ ★アルテルナンテラ ★ミニバラ	★クフェア ★ビデンス ★ダールベルグデージー ★ダイアンサス ★アルテルナンテラ ★ミセバヤ
冬	★パンジー ★ビオラ ★ストック ★ハナカンザシ ★エリカ ★アネモネ ★ワイヤープランツ‘スペード’ ★ラナンキュラス	★パンジー ★ビオラ ★スイートアリッサム ★ハボタン ★ストック ★ガーデンシクラメン ★シロタエギク ★イベリス	★パンジー ★ビオラ ★スイートアリッサム ★ハボタン ★プリムラ・ジュリアン ★プリムラ・ポリアンサ ★イベリス

Part 2

壁に掛けて飾る

壁に掛けるため、ハンギングの背面は見えません。正面と横からの視線を考えながら寄せ植えすると、美しく仕上がります。専用バスケットは、側面のデザインも含めて上品な雰囲気が魅力的。一方、小ぶりな雑貨類を複数掛けるカジュアルさも楽しいもの。鉢の位置を入れ替えるなど、遊び心が刺激されます。

1972
La petite

サイズの異なる3鉢を掛けて おしゃれなシーンを描く

お気に入りのパンジーを見つけたら、花色を生かす葉もの1種と合わせて
サイズ違いのブリキ製のポットにそれぞれ植えて、掛けて楽しみましょう。
簡単なのにおしゃれに見えるのは、鉢のサイズを大中小と変えながら、
大きい鉢をいちばん下にして全体のバランスをとっているからです。

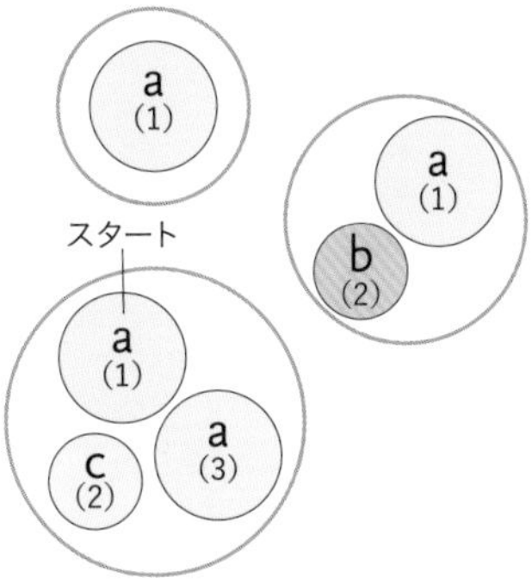

植栽図

a パンジー'パルムディール' 4株
b ヘデラ'カノン'
c シルバータイム

用意するもの

★ブリキ製ポット
大：直径15×高さ13cm
中：直径12.5×高さ10.5cm
小：直径11×高さ9.5cm
鉢底に排水用の穴を1か所ずつあけておく
背面に1か所ずつ穴をあけ、フックを付けておく
(p.124参照)
★スパニッシュモス

使用する植物

パンジー
'パルムディール'

スミレ科、耐寒性一年草
花びらのふりふり感が強めでボール状に咲く。紫以外にも花色は多彩。冬中咲き続けるので追肥を。

ヘデラ'カノン'

ウコギ科、耐寒性常緑つる性木本　葉は小さめで、斑の入り方はさまざま。季節を選ばず使え、やわらかい雰囲気を作り出す。

シルバータイム

シソ科、耐寒性多年草
白い縁取りの小葉が美しいので、カラーリーフとして人気。繁殖力は旺盛だが、高温多湿に弱い。

作り方

1

ポット・大に土を入れ、後方左寄りにパンジー(1)を植える。パンジーを土の上に置いたら、新しい土を足して株の周りに寄せて安定させる。植物を植えるたびに土を寄せる。

2

シルバータイム(2)を、1のパンジーの手前に植える。鉢から枝が垂れるように、少し手前に倒して植える。

3

空いたスペースにパンジー(3)を植える。植え穴が狭ければ土を掘り出して植える。最後にスパニッシュモスを土の表面を覆うように敷き入れる。もう2つも植栽図通りに植える。

お手入れMemo　花がらはこまめに取り除きましょう。よく日の当たる場所に置き、土が乾いてから水やりをすると元気に育ちます。

鉢の色から花色をコーディネート。自由に花合わせを楽しんで

しっかりと背面のある鉢なので、少し高さのあるこんもりとした寄せ植えにすると背面が目立ちすぎず、壁に掛けたときのバランスが美しく見えます。
主役は、鉢の色となじみのよいレモン色のマーガレット。やさしい花色なのでライム色のオレガノやバコパでリズミカルに引き立てましょう。

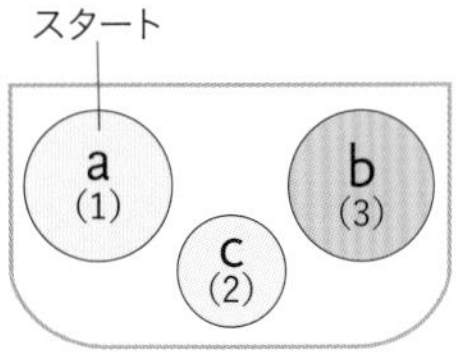

植栽図

a マーガレット'スマッシュ ダブルプリムローズ'
b オレガノ'ケントビューティー'
c バコパ'ライムバリエガータ'

用意するもの

★ブリキ製壁掛けポット
幅24×奥行き12×高さ29cm（植え込み部分12cm）
鉢底に排水用の穴を2か所あけておく（p.124参照）

使用する植物

マーガレット
'スマッシュ ダブルプリムローズ'

キク科、半耐寒性多年草
素朴な雰囲気の一重咲き、華やかな印象の八重咲きがある。株元の黄葉や花がらはこまめに取り除く。

オレガノ
'ケントビューティー'

シソ科、耐寒性多年草
観賞用のオレガノ。ほんのりピンクの花びらに見えるのは苞（葉の一種）。風通しのよい場所を好む。

バコパ
'ライムバリエガータ'

ゴマノハグサ科、半耐寒性多年草　地を這うように伸び、真夏と真冬以外は小花が次々咲く。ライム色の斑入り葉は人気。

作り方

1

土を入れ、左端にマーガレット(1)を植える。鉢の中央部が高くなるよう、株の向きを確認して左側に少し倒しぎみに植える。

2

1のマーガレットに沿うように右横にバコパ(2)を植える。鉢の手前に枝が枝垂れるよう、倒しぎみに植えると流れが出せる。

3

右端にオレガノ(3)を植える。鉢の右側から枝が自然にあふれるよう株の向きや角度を探して植えるとよりきれい。最後に、バコパの枝と絡めてナチュラルな雰囲気に。

お手入れMemo　マーガレットの開花は6月まで。夏越し後は株が大きくなるので、夏前か秋に分解して単独で植えるとよいです。

パンジーとビオラ。多色のフリルが混ざり合い、華やかに彩る →作り方 54ページ

ヨーロッパの窓辺をイメージした、アイビーゼラニウムの壁掛け →作り方 56ページ

パンジーとビオラ。多色のフリルが混ざり合い、華やかに彩る

寒い間、こんもりとした草姿でかわいい花を咲かせ続けてくれるパンジーやビオラは、自然と丸いシルエットを形作るので、ハンギングにもおすすめの花苗です。
アンティーク調のピンクと青系を組み合わせて、お互いの花色を引き立て合いましょう。
ふりふりの花びらがさざ波のように広がり、なんともゴージャスです。

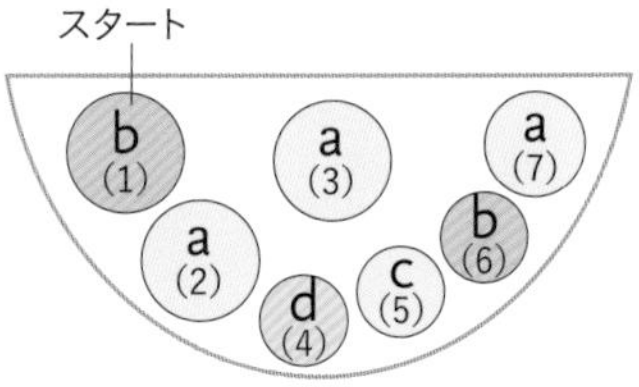

植栽図

- a パンジー‘ラルカドール’ 3株
- b ビオラ‘ヨコハマセレクション フレアブルー’ 2株
- c スイートアリッサム
- d ヘリクリサム‘ライムミニ’

用意するもの

★アイアン製壁掛けバスケット
幅34×奥行き17×高さ46cm（植え込み部分15cm）
★ココヤシファイバー

使用する植物

パンジー
‘ラルカドール’

スミレ科、耐寒性一年草
大輪のフリル咲き種。やさしい色合いが豊富でエレガント。花つきがよいので肥料は忘れずに。

ビオラ
‘ヨコハマセレクション フレアブルー’

スミレ科、耐寒性一年草
シックな色合いで、ゆるやかに波打ち、白い縁取りのある品種。濃紺から淡青、紫まで色幅は広い。

スイートアリッサム

アブラナ科、耐寒性一年草　小花が株を覆うように咲き広がり、枝垂れてくる。生育旺盛なので、茂りすぎたら切り戻しを。

ヘリクリサム
‘ライムミニ’

キク科、半耐寒性常緑低木　ライム色の小葉が密に重なり、愛らしい。成長すると枝垂れる。梅雨前に剪定して風通しよく。

作り方

1

自立しないバスケットは、鉢などに入れて作業する。ココヤシファイバーを適量取って広げて板状にし、手前側、背面と順に当てて軽く押しつける。ココヤシファイバーを敷くことで、土がこぼれないようにする。

2

バスケットに土を入れ(鉢底石は不要)、後方・左にビオラ(1)を植える。バスケットとつながって半円を描くようなイメージで、バスケットの縁に少し倒しぎみに植える。その手前に、パンジー(2)も同じように植える。

3

後方・中央にパンジー(3)を植える。いちばん高い苗をここに植えると、美しい半円を描くシルエットになる。

4

手前・中央に、ヘリクリサム(4)をバスケットの縁にかかるよう、倒しぎみに植える。先に植えた花のボリュームがあるので、花を持ち上げながら植えるとよい。

5

4のヘリクリサムの隣に、スイートアリッサム(5)を植える。ヘリクリサムと同じように、バスケットの縁にかかるように倒しぎみに植える。

6

5のスイートアリッサムの隣に、ビオラ(6)をバスケットの縁にかかるよう、右に倒しぎみに植える。パンジー(7)も同様に右に倒しぎみに植える。最後は植え穴が狭いので、土を掘り出してしっかり植えつける。

お手入れMemo　いずれの花も5月まで休まず開花するので、花がらはこまめに取り除き、日当たりのよい場所で育てましょう。

ヨーロッパの窓辺をイメージした
アイビーゼラニウムの壁掛け

横長のバスケットは、草丈の高い植物と低い植物を組み合わせて高低差をつけることで、広がりと奥行き感を演出できます。さらに両端と手前を低くし、高くなる中心を左右どちらかにずらすのが、ナチュラルに見せるコツ。シンプルに、アイビーゼラニウムの花色だけでまとめ、淡い緑のリーフ類と合わせて、軽やかで明るいハンギングに仕立てました。

植栽図

a アイビーゼラニウム
　'シビル・メキシカトムキャット' 2株
b アイビーゼラニウム 'シビル・トミー'
c フォプシス・スティローサ
d クラッスラ 'リトルミッシー'
e ブルンネラ 'キングスランサム'

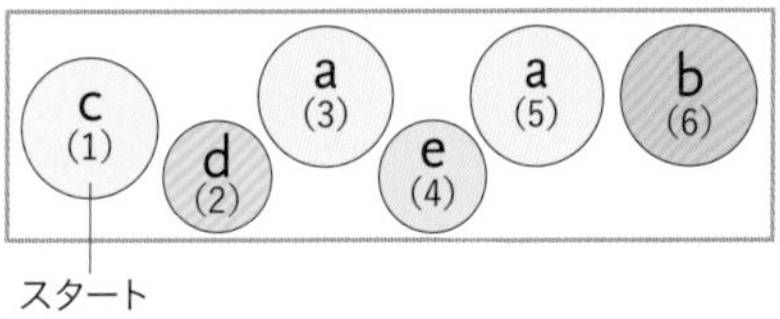

用意するもの

★ワイヤーバスケット
幅38×奥行き10.5×高さ12cm（植え込み部分9cm）
★ココヤシファイバー

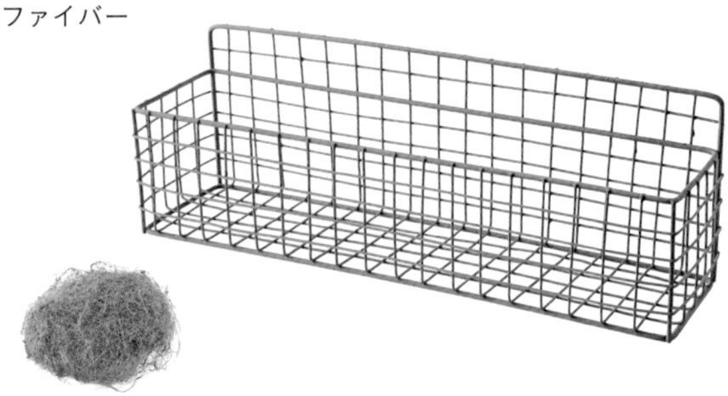

使用する植物

アイビーゼラニウム
'シビル・メキシカトムキャット'

a

フウロソウ科、半耐寒性多年草　白と赤紫の八重咲き。分枝しやすく、草姿はコンパクト。過湿が苦手。乾燥ぎみに管理。

アイビーゼラニウム
'シビル・トミー'

b

フウロソウ科、半耐寒性多年草　コンパクトに育つシビルシリーズの八重咲き種。鉢から枝垂れ咲くシックな花色は華やか。

フォプシス・
スティローサ

c

アカネ科、耐寒性多年草
這うように広がるライムイエローの葉は寄せ植えを鮮やかに。春～夏にピンクの手毬《てまり》状の花が咲く。

クラッスラ
'リトルミッシー'

d

ベンケイソウ科、耐寒性多年草　明るい緑にクリームの斑が入り、ピンクが縁取る愛らしい小葉。暑さ寒さ、乾燥に強い。

ブルンネラ
'キングスランサム'

e

ムラサキ科、耐寒性多年草　緑の葉脈が通り、クリーム色の斑が縁取る、シルバーの美しい葉。春には可憐な青い小花も。

アイビーゼラニウムの魅力、再発見！

ゼラニウムの仲間で、アイビーの葉の形に似た革質で光沢のある葉をもち、枝が下垂するものが「アイビーゼラニウム」です。昔から親しまれてきた花ですが、近年は八重咲きで、節間が短くコンパクトにまとまるシビルシリーズなども出回り、新たに人気が高まっています。上へ伸びず、枝垂れる性質は、ハンギングにもぴったり。南アフリカ原産で乾燥に強く多湿に弱いので、雨のかからない軒下での管理がベストです。花は春～秋まで咲きますが、苦手な高温多湿の夏が来る前に切り戻しを行い、秋から再び開花させるとよいでしょう。

作り方

1

ワイヤーバスケットに、ココヤシファイバーを底→側面の順で厚めに敷く。その後、土を入れる。通気性、水はけともによいので、鉢底石は不要。

2

ワイヤーバスケットの左端に、フォプシス・スティローサ(1)を、左の縁から飛び出すように植える。

3

クラッスラ(2)を手前に傾けて植える。

4

アイビーゼラニウム'シビル・メキシカトムキャット'(3)を植える。枝の暴れ具合を生かすと自然な流れが生まれる。

5

ブルンネラ(4)を手前に少し角度をつけて植える。

6

アイビーゼラニウム'シビル・メキシカトムキャット'(5)を、花が正面を向くように植える。アイビーゼラニウム'シビル・トミー'(6)を、花の向き、枝の流れを意識しながら植える。

お手入れMemo　アイビーゼラニウムの枝は伸びると枝垂れてくるので、たまに剪定をし、全体のバランスを整えましょう。

PO #
ITEM #
DESC.
SIZE

コンパクトなプランター2個をずらして掛けるだけで絵になる

同じプランターを2個、上下に少しずらして掛けているだけなのにこの美しさです。それぞれのプランターには、花と葉ものを1株ずつ植えて。簡単ですが、同じ花を選んで植えることで、並べたときに一体感が生まれます。今回のペチュニアは落ち着いた色合いなので、斑入り葉やシルバーリーフで明るさをプラスしました。

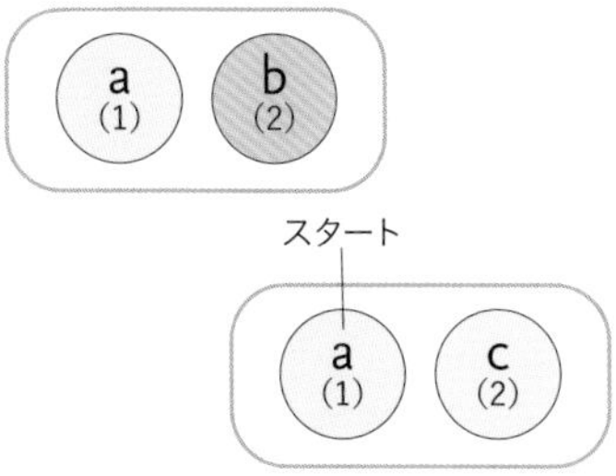

植栽図

a ペチュニア‘ジュリエット イエローベージュ’ 2株
b ウエストリンギア‘スモーキーホワイト’
c ロータス・クレティクス

用意するもの

★ブリキ製プランター　2個
幅20×奥行き9×高さ10cm
鉢底に排水用の穴を3か所あけておく
背面に2か所穴をあけ、フックを付けておく
(p.124参照)

使用する植物

ペチュニア
‘ジュリエット イエローベージュ’

ナス科、半耐寒性多年草
アンティークな雰囲気の八重咲きの花。日当たりと風通しのよい場所を好む。乾燥ぎみの管理を。

ウエストリンギア
‘スモーキーホワイト’

シソ科、耐寒性常緑低木
斑入りの細葉とシュッとした枝ぶりは寄せ植えに動きと明るさをもたらす。水はけと風通しをよく。

ロータス・クレティクス

マメ科、耐寒性多年草
細い茎に白銀の小葉が印象的な品種で、ハンギングで枝垂れさせてもきれい。蒸れや過湿に注意。

作り方

1

赤玉土大粒(鉢底石でもOK)をプランターの深さの約⅕まで入れ、土を入れる。

2

プランターの左にペチュニア(1)を植える。寄せ植え全体の6割程度を占めるイメージで植えるとよい。

3

2の右にロータス(2)を植える。最後に、ペチュニアとなじむように枝を絡める。もう1つも植栽図通りに植える。

お手入れMemo　ペチュニアは過湿を嫌うので、乾かしぎみで育てるのがコツ。梅雨時期は雨の避けられる軒下などに移動させて。

つる植物を絡ませたり垂らしたり。主役のペンタスの表情も生き生きと

使っているのは、壁掛けはもちろん、吊り下げとしても楽しめる、取っ手の長いバスケットです。
その取っ手を美しく見せるには、つる植物を絡ませるのが効果的。植え込み部分から上の空間も広いので、
ペンタスのように背丈があり、こんもりと茂る植物を主役に選ぶと、バランスよく決まります。
アルテルナンテラの白い斑入り葉が、ピンクの花の愛らしさをクリアに引き立てます。

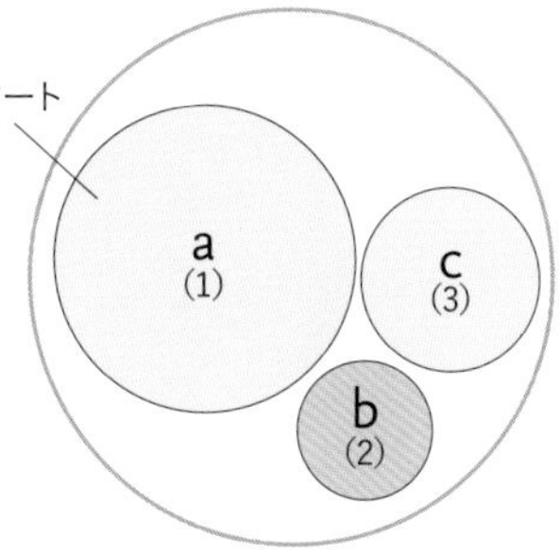

植栽図

a ペンタス
b アルテルナンテラ・フィコイデア‘セッシリスアルバ’
c ヘデラ‘ユキノヨウセイ’

用意するもの

★ワイヤーバスケット
幅16×奥行き15×高さ51cm
（植え込み部分15cm）
★麻布　約30×60cm

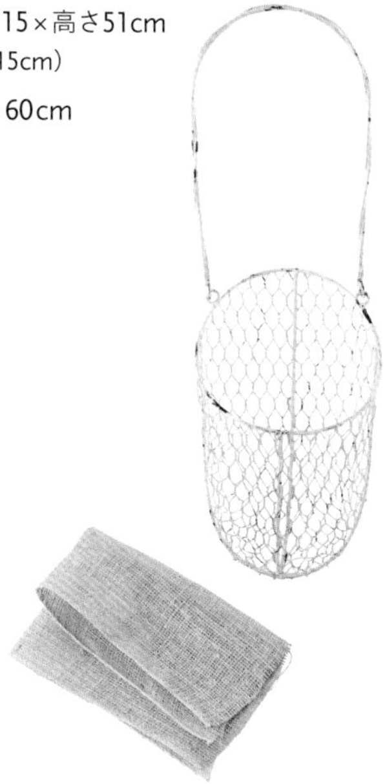

使用する植物

ペンタス

アカネ科、非耐寒性多年草　星形の小花が枝先にまとまって咲く。暑さにとても強く、真夏でも休まず開花。白や赤い花も。

アルテルナンテラ・フィコイデア‘セッシリスアルバ’

ヒユ科、非耐寒性多年草　白い斑が入った縮れ葉が涼しげな印象。寒さには弱いので、冬は霜や寒風を避けた室内で管理。

ヘデラ‘ユキノヨウセイ’

ウコギ科、耐寒性常緑つる性木本　縮れ葉は繊細で、切れ込みの深い品種。うねりのある茎は、ハンギングに動きを出す。

◆ペンタス以外のおすすめ植物
・サルビア
・ガイラルディア
・ジニア
など

作り方

1

バスケットに、p.21作り方1と同様に麻布を敷き入れ、土を入れる（鉢底石は不要）。ペンタス(1)を左寄りに植える。高い枝を後ろにして、花が正面を向くように植える。

2

1の右手前に、アルテルナンテラ・フィコイデア(2)を前に傾けて植える。ペンタスの花の下に、白い斑入り葉がくると、ピンクの花色が引き立つ。

3

右端にヘデラ(3)を植える。4〜5本ある枝のうち、2本以外はバスケットの手前に流れを生かして垂らす。残した2本は、持ち手にくるくると巻きつけてできあがり。

お手入れMemo　次々開花するので、花がらは早めに取り除きます。月に一度、固形肥料を施しましょう。

夏らしい色合いのガザニアを
レース状の葉と合わせて涼やかに

レモンイエローの愛らしい花色をもつガザニアを主役にした壁掛けです。
淡い色なので、オレンジ色のランタナをアクセントに添えると、存在感がぐっと増します。
やさしい色合いの葉もの、タンジーをふわりとまとわせればメリハリのきいたハンギングに。
バスケットの側面は丸見えより、植物で少し隠れるほうがナチュラルで美しいですよ。

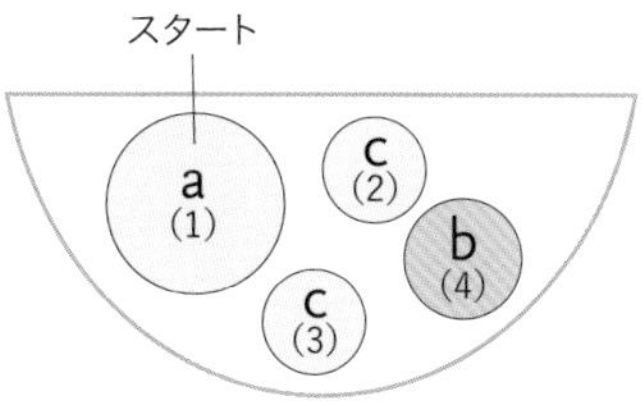

植栽図

a ガザニア‘ビーストカナリアスマイル’
b ランタナ・カマラ
c タンジー‘ゴールデンフリース’ 2株

用意するもの

★壁掛けワイヤーバスケット
幅22×奥行き13×高さ30cm（植え込み部分18cm）
★ココヤシファイバー

使用する植物

ガザニア
‘ビーストカナリアスマイル’

キク科、半耐寒性多年草
1輪で色のグラデーションが美しい品種。よく分枝し、春〜秋まで咲き続ける。暑さや乾燥に強い。

ランタナ・カマラ

クマツヅラ科、半耐寒性常緑低木 小花をボール状に次々咲かせる。固形肥料なら月に一度施して。花がらは房ごとカット。

タンジー
‘ゴールデンフリース’

キク科、耐寒性多年草
細かく切れ込みの入った黄緑葉は美しいカラーリーフ。夏〜秋に黄色い小花も。暑さ、寒さに強い。

作り方

1

バスケットにp.55の作り方1と同様にココヤシファイバーを敷き、土を入れる（鉢底石は不要）。ガザニア（1）を手前に倒しすぎず、バスケット内で6割程度になるように植える。

2

1のガザニアの右にタンジーを後方（2）と手前（3）に1株ずつ植える。2株のうち、高い株を後方に植える。バスケットの側面に、葉が垂れる向きと角度を探して植える。

3

ランタナ（4）を植える。花を少し鉢の手前に倒しぎみに植えると、全体のシルエットが丸くなり、きれい。最後に、タンジーの葉を自然に見えるよう、左右の植物に絡める。

お手入れMemo　ランタナの生育が旺盛になってきたら、低い位置で切り戻しましょう。再び低い草姿で花を楽しめます。

掛けたバスケットに、小さな鉢を集めるだけの簡単ハンギング

フェンスや壁などに横長のワイヤーバスケットを引っ掛ければ、準備はOKです。
そこに小さな鉢をトントントンと3鉢並べたら、寄せ鉢スタイルのハンギングに！
とくに夏は暑くて花もぐったりしがち。無理せず、カラーリーフを1鉢に1株ずつ植え、
好きな雑貨と一緒に自由に並べてみて。涼やかで格好いい空間が生まれます。

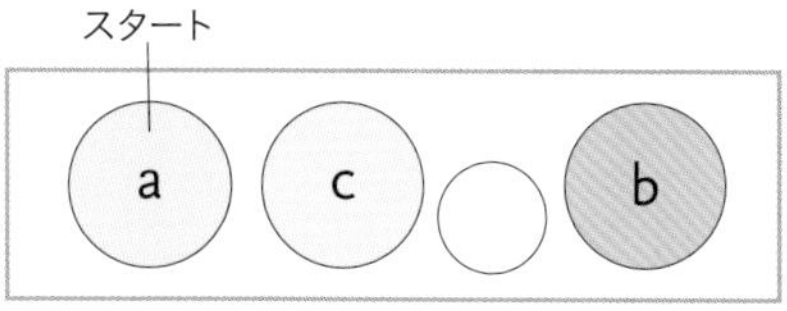

植栽図

a　レックスベゴニア‘インディアンサマー’
b　レックスベゴニア‘アジアンツンドラ’
c　ニシキシダ‘ピューターレース’

用意するもの

★ワイヤーバスケット
幅38×奥行き10.5×高さ12cm
（植え込み部分9cm）
★3号の素焼き鉢　3鉢
★ブリキの容器

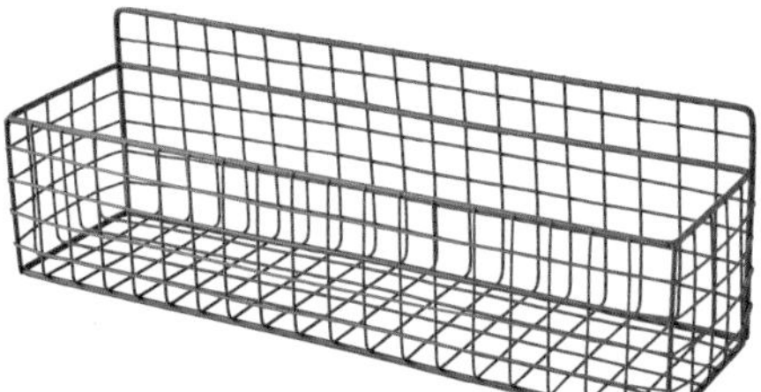

使用する植物

レックスベゴニア
‘インディアンサマー’

シュウカイドウ科、非耐寒性多年草　葉の美しさを鑑賞するベゴニアの仲間。葉の形や色、模様のバリエーションは豊富。

レックスベゴニア
‘アジアンツンドラ’

シュウカイドウ科、非耐寒性多年草　観葉ベゴニアと呼ばれるが、初夏に咲く花もきれい。太い根茎が地下で横に伸びる。

ニシキシダ
‘ピューターレース’

メシダ科、耐寒性多年草
日本に自生する品種で、メタリックな葉色が印象的。日陰のほうが、きれいなシルバーリーフになる。

作り方

1

1鉢に1苗ずつ植える。鉢に鉢底ネットを敷き、鉢底石を⅙の深さを目安に入れ、土を入れる。ポットから苗を取り出し、根鉢をやさしくほぐしてから植えつける。

2

ポット苗をそれぞれ鉢に植えつけ終わったら、バスケットにどう並べようか、入れたり、出したりしてバランスを見ながら決める。

お手入れMemo　どの植物も真夏の強い日差しと過湿が苦手。真夏は日陰〜半日陰になる場所で、乾燥ぎみの管理を心がけましょう。

ピンクの小花を主役に 白いアイアンバスケットで春を演出

アンティーク調の優雅なバスケットは、植物で隠しすぎないように植えるのがおすすめ。半円を描くような仕上がりを意識し、植物は半球状になっているバスケットの深さと1対1の高さを目安に植え込むのが美しく見せるコツです。奥行きのある壁掛けタイプなので、後方に背丈の高い植物を配し、手前に低い植物を植えて前後でも曲線を描きましょう。

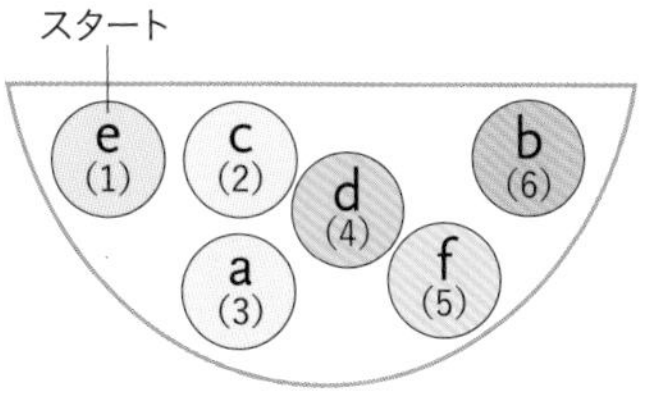

植栽図

a アイビーゼラニウム'トゥルーラブ'
b プレクトランサス'ピンククリッカー'
c サルビア・ネモローサ
d アップルゼラニウム
e ベロニカ'ミッフィーブルート'
f シレネ・ユニフローラ

用意するもの

★アイアン製バスケット
幅27×奥行き14×高さ37cm
（植え込み部分14cm）

★ハイゴケ（水ゴケでも代用可）

使用する植物

アイビーゼラニウム 'トゥルーラブ'

フウロソウ科、半耐寒性多年草　濃いピンクの小輪八重咲き品種。株はコンパクトにまとまり、分枝性がよく花つきもよい。

プレクトランサス 'ピンククリッカー'

シソ科、非耐寒性多年草　愛らしいピンクの小花を穂状に咲かせる。暑さに強いが、寒さは苦手。強い寒さや霜を避けて管理。

サルビア・ネモローサ

シソ科、耐寒性多年草　濃紫色の小花を穂状に咲かせる。草姿はシャープな印象で、高さを生かした寄せ植えがおすすめ。

アップルゼラニウム

フウロソウ科、半耐寒性多年草　明るい緑のやわらかな丸葉は、触れるとリンゴのような香りを放つ。白い小花もかわいい。

ベロニカ 'ミッフィーブルート'

ゴマノハグサ科、耐寒性多年草　緑に乳白の斑が入る小葉で、匍匐して横に広がる。春に咲く青い小花との対比も美しい。

シレネ・ユニフローラ

ナデシコ科、耐寒性多年草　クリーム色の斑が入る品種。這性で横に枝を広げて生育し、枝先に袋状の白い花をつける。

作り方

1

自立しないバスケットは、鉢などに入れて植えると安定する。土がこぼれないよう、ハイゴケを全体に厚めに敷き、土を入れる(水はけがよいので、鉢底石は不要)。

2

バスケットの左端に、ベロニカ(1)を、縁から枝垂れるように植える。奥の中央よりやや左に、サルビア・ネモローサ(2)を植える。

3

手前の中央よりやや左に、アイビーゼラニウム(3)を植える。花が正面を向くよう、手前に少し倒して植えるとよい。

4

2、3で植えたサルビア・ネモローサとアイビーゼラニウムのつなぎ役になる、アップルゼラニウム(4)を植える。後ろのサルビアより低く見えるよう、少し倒してバランスをとって植える。

5

アップルゼラニウム(4)の右に、シレネ・ユニフローラ(5)を、手前の縁にかかるよう、少し前に倒して植える。

6

最後に、プレクトランサス(6)を植える。枝が、右に流れるような向きで植えるとバランスがよい。

お手入れMemo　サルビアやプレクトランサスは、花が咲き終わったら花茎ごと根元から切り取ります。

長く美しく楽しむためのお手入れ1

伸びた枝を切り戻す

寄せ植えを作ってから約2か月経つと、草丈が伸びて全体のバランスが崩れてきます。
p.66のハンギングを例に、切り戻しの方法を紹介します。

形を整えて、植物の生長を促す

草丈が伸びて全体のバランスが悪くなったら、短く刈り込んで形を整える作業が、切り戻しです。長めに枝を残すとすぐに乱れるので、株元から2〜3節残す位置で思いきって短くします。葉のつけ根に新芽があるので、残す枝に葉がついているか、必ず確認しましょう。伸びた花茎も短く切ることで、花つきがよくなります。

草丈が伸びて乱れた状態

4月上旬に植えて2か月近く経過した5月下旬の様子。気温が上がり、暖かくなると植物の成長も旺盛に。枝が伸びて暴れてきたら、下の手順で切り戻しを行いましょう。

1 枝垂れすぎた枝を切る

バスケットの側面に枝垂れて、ボリュームの出すぎた枝を根元から間引くように切り、長さも短くする。またすぐに伸びてくるので、株元から2〜3節残して切るとよい。

2 上に伸びた花穂を切る

全体の輪郭から飛び出るように長く出た花穂は、花茎の元まで切り戻す。葉のつけ根に新芽があるので、残す枝に葉がついているか必ず確認して切ること。

3 丸く整えるように切る

植えたときの半円形に戻すように意識して、残りの枝も短く切り戻す。茂りすぎたところは、根元から切って間引き、風通しをよくする。

できあがり

全体がすっきりして、寄せ植えした当初の形に。再び花を咲かせて楽しめる。

長く美しく楽しむためのお手入れ 2

花期を過ぎたハンギングを仕立て直す

主役の花が終わりを迎えたら、ハンギングを解体し、苗を1つずつ取り出します。
多年草などまた使えるものは、鉢に植え直して養生しましょう。

4月に寄せ植えして3か月経ち、見ごろを終えた p.66のハンギング。

植えていた植物

アイビーゼラニウム‘トゥルーラブ’
プレクトランサス‘ピンククリッカー’
サルビア・ネモローサ
→ **養生するもの**
（花期は終わったものの、翌シーズンに使える多年草など）

アップルゼラニウム
ベロニカ‘ミッフィーブルート’
シレネ・ユニフローラ
→ **続けて使えるもの**
（長く楽しめるリーフ類などで、傷んでおらず生育面でも問題ないもの。次のページからの仕立て直し方を参照）

Step 1 鉢から植物をすべて取り出す

1

根の張り具合を確認しながら、移植ゴテを土に差し込み、株回りをほぐす。

2

できるだけ根を切らないよう、丁寧にやさしく取り出す。

3

休ませる植物と、続けて使える植物を分ける。

ポイント！

抜き取った植物は放置せず、すぐに鉢に植えること。根がむき出し状態だと乾燥し、植物が弱ってしまう。とくに夏は乾きやすいので、注意が必要。

Step 2 シーズンの終わった苗を養生する

1

土を軽くほぐしながら、不要な根を整理し、ひと回り小さくする。

2

素焼き鉢に鉢底石を敷いて土を入れる。鉢の種類は問わず、大きすぎないサイズを選ぶ（写真は4号）。

3

根に合わせ、葉からの余計な蒸散を抑えるため、伸びた枝を切る。下から2〜3節残して短くしてOK。

植えつけ後の管理

水をたっぷりとやり、半日陰に10日ほど置く。徐々に日向に慣らすと株への負担が少ない。次のシーズンまで水やりをして管理する。

66ページの
ハンギングを
仕立て直して
楽しむ！

華やかなバラ咲きベゴニアが魅せる
エレガントなたたずまい

かわいく仕上げた春から一転、初夏は枝先に弾むように咲くベゴニアを主役に迎え、異なる表情を楽しみましょう。植えていた植物も形を整え、3種類を使い回しています。同じバスケットを使うので、美しいハンギングを作るコツは変わりませんが、花のボリュームとのバランスを考え、中央にシッサスの枝を長く垂らしています。

春の開花期(p.66)。

7月上旬。花期が終わり草姿が乱れぎみ。

春に使った6つの植物は、こうする!

使わずに養生する植物

花の開花期が終わったので、夏は休ませます(p.70参照)。

1 サルビア・ネモローサ
2 プレクトランサス'ピンククリッカー'
3 アイビーゼラニウム'トゥルーラブ'

連続して使う植物

養生する植物と同様に不要な根を整理し、ひと回り小さくしたら、ポットなどに仮植えを。いずれの植物も茶色くなった葉は取り除きます。

d アップルゼラニウム
e ベロニカ'ミッフィーブルート'
f シレネ・ユニフローラ

シレネ・ユニフローラは、蒸れやすいので枝数を減らすとよい。枝ぶりをある程度残しつつ、根に負担がかからないよう短く切り戻す。

枯れて傷んだ葉や花がらがあったら取り除く。

新たに追加する植物

ベゴニア
'プリンセスファンタジー'

シュウカイドウ科、非耐寒性多年草　花つきがよい。八重咲き(雄花)と一重咲き(雌花)が同時に咲く。過湿に注意。

ランタナ・カマラ

クマツヅラ科、半耐寒性常緑低木　葉に触れると、柑橘系の香りを放つ。黄→オレンジ→赤など花色は大きく変化する。

シッサス'ガーランド'

ブドウ科、非耐寒性常緑つる性木本　ハンギングから枝垂れる濃い緑葉は美しい。過湿に注意。寒さに弱いので冬は室内で。

植栽図

a ベゴニア‘プリンセスファンタジー’
b ランタナ・カマラ
c シッサス‘ガーランド’
d アップルゼラニウム(再び使用)
e ベロニカ‘ミッフィーブルート’(再び使用)
f シレネ・ユニフローラ(再び使用)

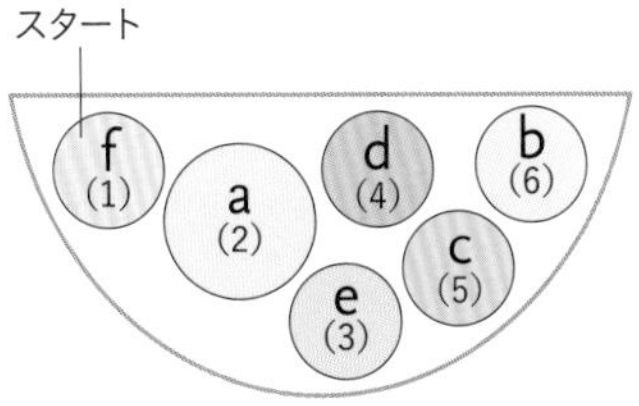

用意するもの

★アイアン製バスケット(再び使用)
幅27×奥行き14×高さ37cm
(植え込み部分14cm)
★ハイゴケ(水ゴケでも代用可)

作り方

1

自立しないバスケットは、鉢などに入れて作業する。新しいハイゴケを敷き入れ、土を入れる(鉢底石は不要)。左端に、シレネ・ユニフローラ(1)を枝垂れるように植える。

2

真ん中よりやや左に、ベゴニア(2)を左側に角度をつけて植える。枝がふわっと左に流れる感じになるとよい。

3

ベゴニア(2)の右手前に、ベロニカ(3)を縁から枝垂れるように植える。その後ろに、半円のトップとなるアップルゼラニウム(4)を植える。小花が正面を向くように角度をつけて植えるとよい。

4

右手前に、シッサス(5)を枝垂れるように植える。枝先が、バスケットの中央に向かって流れるよう角度を調整するとよい。最後に、ランタナ・カマラ(6)を植える。

お手入れMemo　花がらはまめに取り除き、月に一度、固形肥料を施します。ランタナは、姿が乱れたら切り戻しを。

質感の異なる赤紫の草花を組み合わせた、シックな壁掛け →作り方 76ページ

ハボタンの高低差で立体感を出した、素朴で華のあるバスケット →作り方 78ページ

質感の異なる赤紫の草花を組み合わせた、シックな壁掛け

デザイン性のある壁掛けバスケットは、花や葉色とのコーディネートを大切にしながら大胆に見せても素敵です。花穂が美しいセロシアと、たわわに実るペルネチアの秋らしいこっくりとした赤紫が映えるよう、シックな葉色を合わせ、バスケットも黒く塗りました。地味になりすぎないためにアクセントに加えた、明るい葉色のアベリアも効果的です。

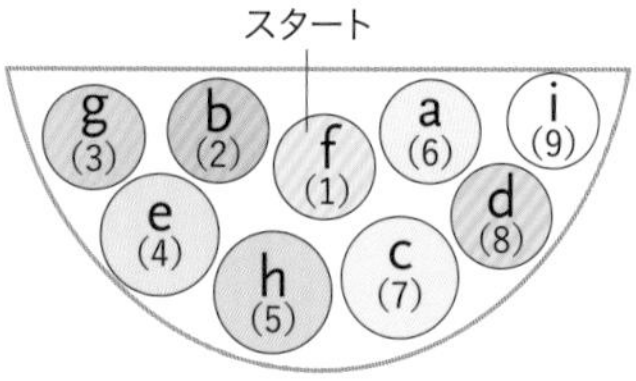

植栽図

a セロシア'パンキーレッド'
b アルテルナンテラ・ポリゲンス(千日小坊)
c ペルネチア
d ペラルゴニウム'パールグレイ'
e アベリア'フランシスメイソン'
f ロフォミルタス'キャサリン'
g コプロスマ'ピンクステム'
h ビート'ブルスブラッド'
i ルメックス・サンギネウス

用意するもの

★アイアン製バスケット
幅35×奥行き18×高さ32cm
(植え込み部分11cm)
黒の水性ペンキを塗り、乾いてから紙やすりで削ってナチュラル感を演出
★ココヤシファイバー

使用する植物

セロシア'パンキーレッド'

ヒユ科、非耐寒性一年草
濃赤紫で、存在感のある槍形の花穂は美しい。分枝性があり、花つきもよい。ドライフラワーにも。

アルテルナンテラ・ポリゲンス(千日小坊)

ヒユ科、非耐寒性多年草
立ち上がる細い茎に赤紫の花穂がつく。夏に切り戻してわき芽を増やせば秋の花数も多くなる。

ペルネチア

ツツジ科、耐寒性常緑低木 開花は5～6月。実の観賞期間は、9月～翌2月ごろ。暑さに弱く、夏は明るい半日陰で管理。

ペラルゴニウム'パールグレイ'

フウロソウ科、半耐寒性多年草 淡紫灰色の花は神秘的で、葉は低温期には赤く紅葉。多湿に弱く、土は乾かしぎみに管理。

アベリア'フランシスメイソン'

スイカズラ科、耐寒性常緑低木 葉は鮮やかな黄金で、夏～秋に淡ピンクの小花が咲く。寒さに強い常緑なので生垣にも。

ロフォミルタス'キャサリン'

フトモモ科、耐寒性常緑低木 チョコレート色した光沢のある丸葉が美しい。温かみのある花色と合わせ、シックな印象に。

コプロスマ'ピンクステム'

アカネ科、耐寒性常緑低木 細く小さな葉と茶色い茎が印象的な立性種。枝のラインが美しく、動きをつけたいときに便利。

ビート'ブルスブラッド'

ヒユ科、耐寒性一年草
光沢のある赤紫の葉が美しい野菜。カラーリーフとして重宝。寒さに強く冬の寄せ植えにも。

ルメックス・サンギネウス

タデ科、耐寒性多年草
初夏に開花し、こぼれ種でよく増える。東京近郊では常緑で越冬。日向から半日陰でもよく育つ。

作り方

1

バスケットにココヤシファイバーを厚めに敷き、土を入れる（鉢底石は不要）。背面中央に、ロフォミルタス（1）を植え、寄せ植え全体の高さを決める。その左横に、アルテルナンテラ・ポリゲンス（2）を植える。

2

バスケットの左端に、コプロスマ（3）を外側に広がっていくようなイメージで角度をつけて植える。その右手前に、アベリア（4）を植える。左斜め手前に、縁から飛び出させるように角度をつけて植える。

3

手前・左中央に、ビート（5）を縁から自然に葉が飛び出すように、角度をつけて植える。これで左半分のできあがり。

4

ロフォミルタス（1）の右横に、セロシア（6）を植える。アイアンが隠れないように角度をつけ、花穂を全体の流れに合わせ、左に向くように植えるときれい。

5

正面のビート（5）の右隣に、ペルネチア（7）を植える。たわわについた実が縁から垂れて、バスケットの側面を部分的に隠すように意識する。

6

右隣にペラルゴニウム（8）を植え（写真）、バスケットの右端に、ルメックス・サンギネウス（9）を角度をつけて植える。最後に、それぞれ植えた植物の枝を隣の植物と絡めると、より自然な仕上がりになる。

お手入れMemo　セロシア、アルテルナンテラは寒さに弱いので、12月には耐寒性のある草花を使って仕立て直しを。

ハボタンの高低差で立体感を出した素朴で華のあるバスケット

奥行きが少ない容器で立体感を出すには、高低差をつけることが必要です。かわいくて小ぶりな品種が豊富に揃うハボタンから、「高・中・低」と背丈の異なる3種を選びました。ピンクのハボタンの愛らしさを、シルバーリーフが引き立てます。籐製バスケットと相性のよいヘデラ2種を加え、ナチュラルで動きのある壁掛けに！

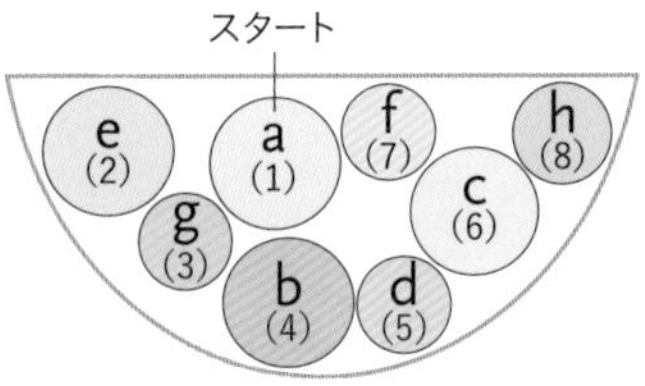

植栽図

a ハボタン‘プラチナケール’
b ハボタン‘バイカラートーチ’
c ハボタン‘ブラックルシアン’
d モクビャッコウ
e シロタエギク
f コロキア
g ヘデラ‘ジャポニカ’
h ヘデラ‘ツバサ’

用意するもの

★籐製バスケット
幅30×奥行き20×高さ33cm（植え込み部分17cm）
付属のビニールに排水用の穴を3〜4cm間隔であけておく（p.93作り方1参照）

使用する植物

ハボタン‘プラチナケール’

アブラナ科、耐寒性多年草　花の少ない冬に、美しい葉色で鮮やかに存在感を放つ。夏が苦手なので一年草扱いの場合も。

ハボタン‘バイカラートーチ’

アブラナ科、耐寒性多年草　クリームがかった葉の中心はピンク色で、気温の低下でより鮮やかに。ピンク系の組み合わせに。

ハボタン‘ブラックルシアン’

アブラナ科、耐寒性多年草　カップ咲きのバラのような姿。黒みがかったシックな葉は、寄せ植えの明暗をつけるのに重宝。

モクビャッコウ

キク科、耐寒性常緑低木　銀葉が美しく、冬に黄色い花を咲かせる。枝を株元で切り戻すと、わき芽が出て草丈を抑えられる。

シロタエギク

キク科、耐寒性多年草　白い短毛が株全体に生え、深い切れ込みのある葉は銀白色。日当たりと風通しのよい場所で管理を。

コロキア

ミズキ科、耐寒性常緑低木　細い枝がうねりながら広がり、おもしろい樹形に。暑さ寒さに強く、常緑で地植えにもよい。

ヘデラ‘ジャポニカ’

ウコギ科、耐寒性常緑つる性木本　比較的小さめな緑葉で斑入り。ピンクや白い花が咲く草花との相性がよい。性質は強健。

ヘデラ‘ツバサ’

ウコギ科、耐寒性常緑つる性木本　這うように広がり、ハンギングでは美しく枝垂れる。地植えでは壁を覆わせても。

作り方

1

土を入れ、ハボタン‘プラチナケール’(1)を手前に倒しぎみに植える。高さを出すトップの役割をもつが、持ち手より上に出ないように。左端にシロタエギク(2)を、バスケットの縁から少しはみ出るように植える。

2

ヘデラ‘ジャポニカ’(3)を植える。枝先が、バスケットの手前に枝垂れるように植えるとよい。その隣に、ハボタン‘バイカラートーチ’(4)を植える。正面なのでハボタンの顔がよく見えるようにすると美しい。

3

ハボタン(4)の右に、モクビャッコウ(5)を植える。ハボタンの間から飛び出すイメージで、手前に傾けて植える。

4

後方に、ハボタン‘ブラックルシアン’(6)を、顔がよく見えるようにして植える。ハボタン3種の、高低差のバランスがとれているかを確認する。

5

後方にコロキア(7)を、枝ぶりを見ながら植える。コロキアは小葉で枝に動きがあり、ハンギングに広がりと躍動感を生み出す。右端に、ヘデラ‘ツバサ’(8)を植える。縁から手前に枝垂れるように植えるとよい。

6

ヘデラ‘ツバサ’の枝先数本をバスケットの持ち手に絡め、残りの枝先もほかの植物と絡めて形を整える。ヘデラ‘ジャポニカ’もハボタンなどに絡ませて形を整える。

お手入れMemo　3月中〜下旬にハボタンがとう立ちしたら仕立て直しを。切り戻して養生すると秋からまた楽しめます。

雑貨で手軽に作る
純白シクラメンの映える壁掛け

小さめのおしゃれなかごを見つけたら、ハンギングに使ってみましょう。大小のサイズ違いで並べると、不思議とセンスよく見えます。主役のシクラメンは、大きい器だけに配置し、白花を引き立てるシルバーリーフを両方の器に入れて統一感を演出。冬空のような、透明感のある仕上がりになりました。小さくても容器のサイズに合った植物を選べば、こんなふうに掛けても十分重さに耐えられます。

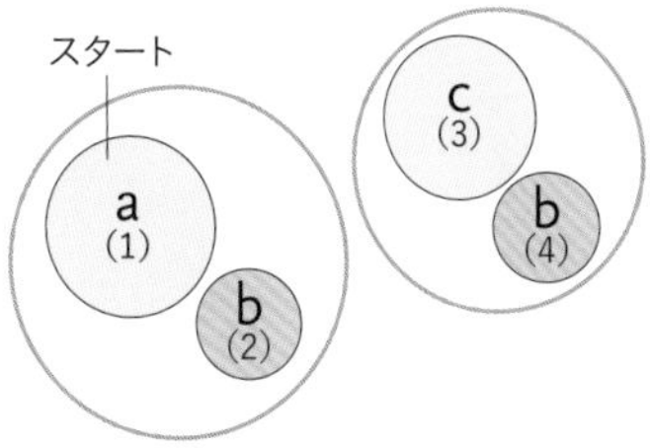

植栽図

a ミニシクラメン
b ディコンドラ‘シルバーフォールズ’ 2株
c ティアレラ‘パシフィッククレスト’

用意するもの

★ワイヤー製バスケット
大：直径14×高さ19cm（植え込み部分10cm）
小：直径11×高さ15cm（植え込み部分8cm）
★スパニッシュモス（水ゴケでも代用可）

使用する植物

ミニシクラメン

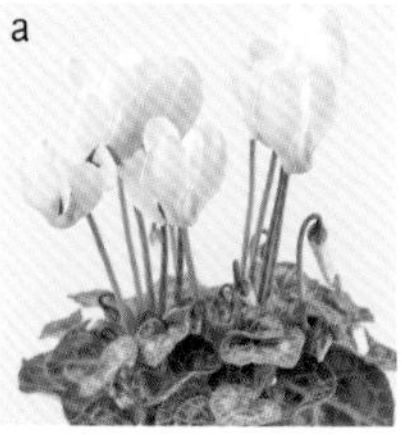

サクラソウ科、半耐寒性球根　冬は5〜10℃が適温。夜間に15℃以上の場所では休眠する。日光不足も徒長の原因に。

ディコンドラ
‘シルバーフォールズ’

ヒルガオ科、耐寒性多年草　シルバーの丸い小葉を密につける。匍匐性で横に這い広がる。ハンギングでは美しく枝垂れる。

ティアレラ
‘パシフィッククレスト’

ユキノシタ科、耐寒性多年草　寒さに強く、戸外で越冬。暑さはやや苦手。真夏の強光や高温を避け、涼しい半日陰で管理。

◆ミニシクラメン以外のおすすめ植物
・プリムラ
・ラナンキュラス
・アネモネ
・パンジー、ビオラ
など、横顔が美しい植物

作り方

1

バスケット（大）に、スパニッシュモスを厚めに敷き、土を入れ（鉢底石は不要）、左奥にミニシクラメン（1）を植える。根がデリケートなので、根鉢を崩さないように注意。

2

バスケットの右縁から枝垂れるようにディコンドラ（2）を植える。垂れた枝のうち、流れを見て1本をシクラメンの葉に絡めてなじませる。

3

バスケット（小）にもスパニッシュモスを敷き、土を入れる（鉢底石は不要）。左奥にティアレラ（3）を、右隣にディコンドラ（4）を植える。枝が枝垂れるよう向きを調整する。

お手入れMemo　春まで開花するミニシクラメンは、花後に花茎を取ること。株元から茎をねじるようにすると引き抜きやすいです。

段ごとに花色チェンジ！
ビオラが弾む3段ラック

小物を収納するワイヤーラックも水ゴケを活用すれば、魅力的な壁掛けハンギングに大変身！
小さなラックと植物を調和させるコツは、花も葉も小さいタイプを選ぶことです。
極小輪のビオラを主役に、色や形で変化をつけたリーフ類で繊細な世界を楽しみましょう。
ビオラのほか、ミニシクラメンやスイートアリッサムなどを植えるのもおすすめです。

植栽図

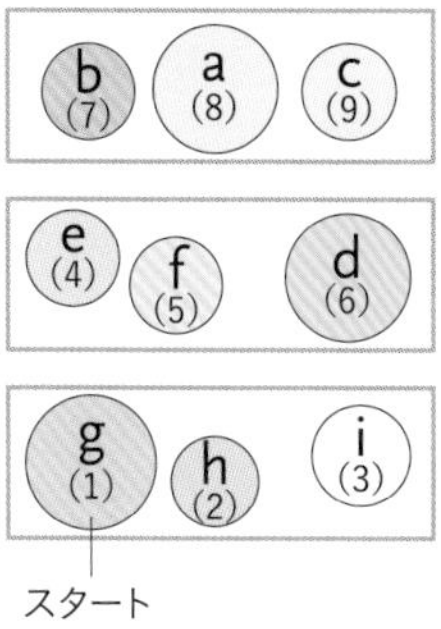

上段 a ビオラ‘ローズミラクル’
b リシマキア‘ペルシャンチョコレート’
c タイム‘フォクスリー’

中段 d ビオラ‘ミニチュアイエロー’
e ヒューケレラ‘キモノ’
f クローバー‘エンジェルマリッジ’

下段 g ビオラ‘ラビリンス’
h セダム‘ゴールドビューティー’
i クローバー‘エンジェルオニキス’

用意するもの

★ワイヤー製3段ラック
幅17×奥行き8×高さ52cm
（1段の植え込み部分8cm）

★水ゴケ、腐葉土（もしくは落ち葉）
水ゴケは水を張ったバケツにつけてもどし、2〜3割ほど腐葉土（もしくは落ち葉）を混ぜておく

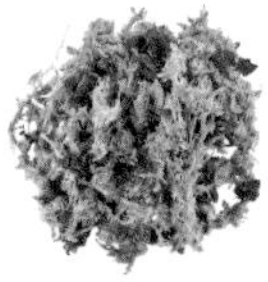

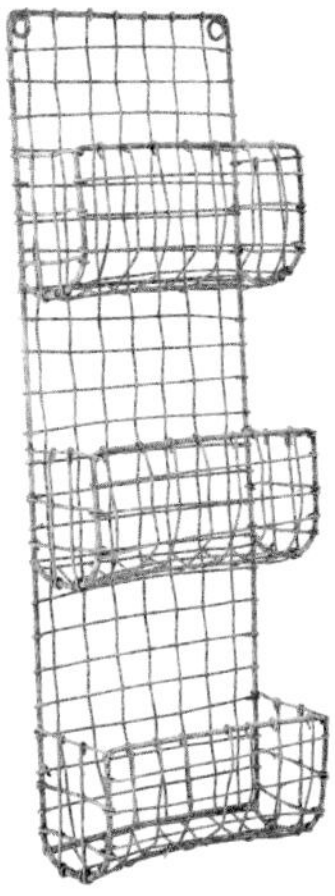

使用する植物

ビオラ
‘ローズミラクル’

a

スミレ科、耐寒性一年草
濃淡のある紫で、下の花弁はオレンジ〜黄を帯びる2色咲き。日当たりと風通しのよい戸外を好む。

リシマキア
‘ペルシャンチョコレート’

b

サクラソウ科、耐寒性多年草　シックな赤紫の葉で、美しく枝垂れる。耐寒性があり、グラウンドカバーにも利用できる。

タイム
‘フォクスリー’

c

シソ科、耐寒性多年草
人気の斑入り種。水やりは控えめにし、乾燥ぎみに。茂りすぎると蒸れるので、枝をすいて剪定を。

ビオラ
‘ミニチュアイエロー’

d

スミレ科、耐寒性一年草
花径1.5cmほどの極小輪品種。小さめの鉢との相性がよく、合わせる葉ものも小さめを選ぶとよい。

ヒューケレラ
‘キモノ’

e

ユキノシタ科、耐寒性多年草　ヒューケラとティアレラとの交配種。寒さに強く、冬は赤黒く紅葉する。アクセントに重宝。

クローバー
‘エンジェルマリッジ’

f

マメ科、耐寒性多年草
寒さに非常に強く、冬も常緑で楽しめる。春には白い丸い花が咲く。伸びたら株元で切り戻しを。

ビオラ
‘ラビリンス’

g

スミレ科、耐寒性一年草
深い青の濃淡が美しい、極小品種。草姿もコンパクトで、花上がりもよい。日当たりのよい場所で。

セダム
‘ゴールドビューティー’

h

ベンケイソウ科、耐寒性多年草　多肉植物だが寒さに強い。草花との寄せ植えもでき、ライムイエローの葉が鮮やかに彩る。

クローバー
‘エンジェルオニキス’

i

マメ科、耐寒性多年草
こげ茶〜黒い葉に入る、緑の縁取りが印象的。這うように広がり、グラウンドカバーにも最適。

作り方

1

各ワイヤーラックの植え込み部分に、腐葉土を混ぜた水ゴケを手でギュッと絞り、押しつけるようにしながら2cm厚さを目安に張りつける。鉢底石は不要で土を少量入れる。

2

植えるスペースが限られている場合、苗をスリムにしておくと植えやすい。ポットから取り出したら、根の下部のほうを手でちぎり取り、全体的に軽くほぐして土を落とす。

3

下段から植えると安定感があり、作業がしやすい。下段の左端に、ビオラ‘ラビリンス’(1)を、外にはみ出るように植える。

4

土を少し足してから、隣にセダム(2)を植える。枝垂れる感じになるよう、角度をつけるとよい。右端に、クローバー‘エンジェルオニキス’(3)を植える。隣の植物との隙間を上手にカバーすると仕上がりが美しい。

5

中段の左端やや後方に、ヒューケレラ(4)を少しはみ出すように植え、その隣に、クローバー‘エンジェルマリッジ’(5)を手前のスペースを埋めるように植える。右に、ビオラ‘ミニチュアイエロー’(6)を植える。

6

上段の左端に、リシマキア(7)を手前に枝垂れるように植える。その隣にビオラ‘ローズミラクル’(8)を植え、右端にタイム(9)を少し手前に垂らすように植える。草姿を見ていちばんきれいに見える向きで植える。

お手入れMemo　ビオラは乾かしぎみに管理すると株の徒長が防げ、コンパクトな姿でたくさんの花が咲きます。

エアプランツで コーナーを演出

空気中の水分を吸収して生長するエアプランツは、土がなくても育つので、室内で手軽に栽培できます。市販の写真スタンドなどに、お気に入りのポストカードと一緒に吊るせば、素敵なインテリアに変身！　乾燥に強いエアプランツですが、10日に一度は水につけてあげましょう。窓辺の明るい場所から半日陰の場所に飾れば、元気に育ちます。

使用した植物

- a　カプトメドーサ
- b　ベリッキアーナ
- c　キセログラフィカ
- d　フックシィ
- e　ファシクラータ
- f　カピタータ

Point 1

ひものブランコで ゆらゆら

色のきれいな麻ひもで輪を作り、エアプランツをのせて吊るせば、まるでブランコ！赤いクリップも印象的です。

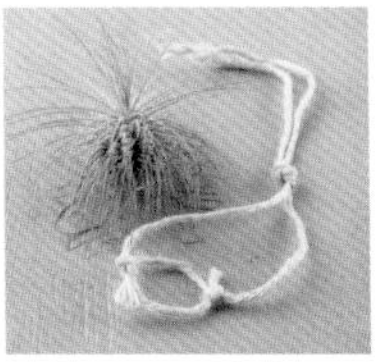

Point 2

素焼き鉢で ワイルドに

原産地の南米らしくワイルドに。素焼き鉢に水ゴケで植えます。雰囲気作りには、吊るすひもの材質や色も大事。

Column 2

絶対に失敗しない「花合わせ」

きれいな植物同士なのに、一緒に植えたら、なんだかパッとしなかった……。
そんな残念な経験も、花合わせのちょっとしたコツを知るだけで解消できます。
花選びがもっと楽しくなる、花合わせの方法をご紹介しましょう。

方法 1

単色+アクセント

主役の色とアクセントになる脇役の色、2色で作る方法です。脇役の色はスパイスなので、少量で十分。たとえば、主役が4～5株に対し、脇役は1株だけにすると効果的です。そのとき、主役の植物は同じ種類で選ぶと、開花期や生育環境などが合わせやすいため、ビギナーにはおすすめです。花が決まったら、花と花の株間にリーフを加えてナチュラルな雰囲気にしましょう。

p.104で紹介した寄せ植えの、ペチュニアの色だけ変えたハンギング。紫のペチュニアと白のユーフォルビア‘ダイアモンドフロスト’でさわやかに。

方法 2

同系色のグラデーション

たくさんの色や種類を使うより、1～2種類の花だけで、似た色の濃淡を選んだほうが、簡単に素敵な色合わせにすることができます。まずは気に入った花の同系色で合わせてみましょう。たとえば、プリムラの中から濃いピンクを1株、中間のピンクを1株、淡いピンクを1株など。容器の大きさに合わせて、株数を増やせば、同じように大きなものも作れます。

ピンクを基調に、プリムラ2種とパンジーを使ったハンギング(p.120)。「濃・中間・淡」という、ピンクの濃淡をうまく組み合わせています。

方法 3

花色のイメージを優先する

どんな雰囲気のハンギングを作りたいか、イメージを決めてから色を選ぶ、もしくは、気に入った花(花色)からイメージを決める方法です。「ピンク系はかわいい」など、色にはそれぞれがもつ、基本のイメージがあります。そのイメージを大切にしながら、花色の魅力を最大限に引き出すのが、カラーリーフの存在。花色のもつイメージと、相性のよいカラーリーフを紹介します。

黄色いジニアが引き立つように、ライムイエローのリシマキアやロニセラ・ニティダを合わせた、華やかなハンギング(p.114)。

◎花色	◎イメージ	◎相性のよいリーフの色	◎おすすめ植物
ピンク系	かわいらしい	ライムイエロー、シルバー	オレガノ、シロタエギク、ラミウムなど
赤や紫系	シック、おしゃれ	ブラック、赤紫系	イポメア、コクリュウ、アルテルナンテラなど
イエロー系	華やか、元気	ライムイエロー、ピンク系	リシマキア、ロニセラ、ハツユキカズラなど
白系	エレガント、さわやか	白い斑入り、ライムグリーン	ディコンドラ、セダム、ハツユキソウなど

Part 3

リースを飾る

リースには「掛ける」「立て掛ける」「置く」と3通りの楽しみ方があります。いろいろな飾り方を試してみましょう。リースを長く楽しむコツは2つ。①草丈の低いコンパクトな植物を選んで高さを抑えること。②伸びた枝で中心の輪が隠れたりしないよう植物を剪定し、リースの形をしっかりキープすることです。

2色のパンジーだけで美しい。鮮やかな色合いに春を感じて

リースには、パンジーのような草丈の低い植物が似合います。冬の間は上に伸びず花を咲かせ続けるので、春先まで長く楽しめるのも魅力。花のサイズを揃えて、美しく響き合うオレンジと紫のパンジーだけの組み合わせです。交互に1苗ずつ植えながら、1か所だけオレンジ色を2苗固めることで、かえってナチュラルな雰囲気に。

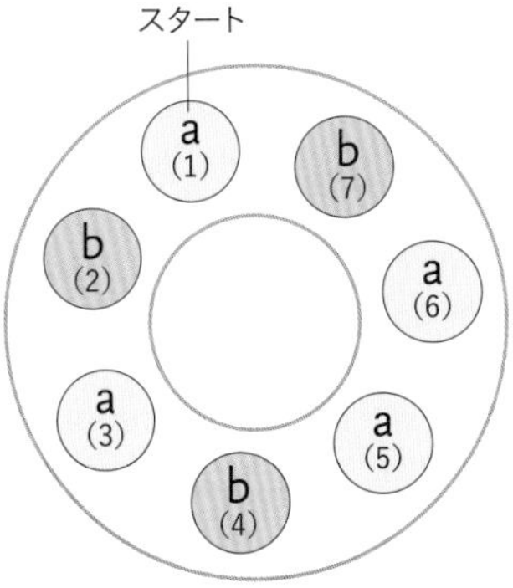

植栽図

a パンジー'ラ・カゼッタ'(オレンジ)　4株
b パンジー'ラ・カゼッタ'(淡紫)　3株

用意するもの

★リース形籐製バスケット
　直径30×幅7×高さ9.5cm
　付属のビニールに排水用の穴を3〜4cm
　間隔であけておく(p.93作り方1参照)
★ココヤシファイバー

使用する植物

パンジー
'ラ・カゼッタ'(オレンジ)

スミレ科、耐寒性一年草
ゆるやかなウェーブと、水彩画でにじんだような色合いが美しい。花色は紫や赤、黄色などもある。

パンジー
'ラ・カゼッタ'(淡紫)

スミレ科、耐寒性一年草
比較的小輪で、冬の間咲き続ける。水のやりすぎは枝を間延びさせるので、土が乾いてから与えて。

作り方

1

土を薄く入れ、パンジーのオレンジ(1)を頂点に植え、淡紫(2)、オレンジ(3)、淡紫(4)と交互に4苗植える。これでリースの左半分を植え終わり。

2

オレンジ(5、6)を2苗続けて植える。リースの枠からパンジーの花がはみ出さないよう、向きを確認しながら植えると、よりきれいな仕上がりになる。

3

残りの1苗、淡紫(7)を植える。そのあと、リースを掛けた際に土がこぼれないよう、リースの外周にも内周にも細長くしたココヤシファイバーを土の上に敷く。

お手入れMemo　リースバスケットからはみ出る枝は、たまにカットして丸い形をキープしましょう。花がら摘みもこまめに行って。

野に咲く花を敷き詰めた、春の息吹を感じるリース →作り方 92ページ

淡いピンクの小花、シレネに小葉をやさしく寄り添わせて →作り方94ページ

野に咲く花を敷き詰めた 春の息吹を感じるリース

可憐な小花と繊細な小葉だけで作ったリース。主役は、3株植えたブラキカム。
紫色の小花に、タイム・ロンギカウリスのピンク色の小花を加えることで、かわいらしさもプラス。
この4株(植栽図ではaとb)を均等になるように配置するのが、美しく仕上げる秘訣です。
花の色が引き立つよう、葉は黄色や明るい緑を選んでいます。

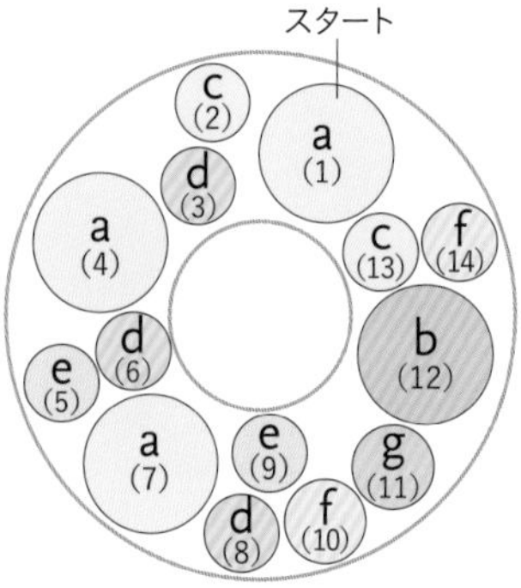

植栽図

a ブラキカム'マリウスブルー' 3株
b タイム・ロンギカウリス
c セラギネラ'プロンシアーナ'
d フィカス・プミラ'ユキノハナ'
e オレガノ'サンブレスバラエティ'
f カリッシア・レペンス'ゴールデン'
g タイム'フォクスリー'
◆c、e、fは2つに、dは3つに株分けして使用

用意するもの

★リース形籐製バスケット
直径30×幅11×高さ9cm
★水ゴケ
★テグス

使用する植物

ブラキカム
'マリウスブルー'

a

キク科、半耐寒性多年草
ふんわりやさしい印象で、這うように広がる。3～11月の長期間に次々開花。乱れたら切り戻しを。

タイム・ロンギカウリス

b

シソ科、耐寒性多年草
カーペット状に広がり、強健。春～初夏には淡いピンクの花が咲く。料理やハーブティーにも利用。

セラギネラ
'プロンシアーナ'

c

イワヒバ科、半耐寒性多年草　葉は細かく分かれて生育。草丈は低く、株はコンパクトにまとまる。空間を埋めるときに重宝。

フィカス・プミラ
'ユキノハナ'

d

クワ科、半耐寒性多年草
美しい散り斑が入る。緑葉種に比べて耐寒性はないので、真冬は軒下で寒風を避けて管理する。

オレガノ
'サンブレスバラエティ'

e

シソ科、耐寒性多年草
鮮やかなライム色の葉が目を引く。込み合った枝は、すくように剪定して風通しをよくするとよい。

カリッシア・レペンス
'ゴールデン'

f

ツユクサ科、半耐寒性多年草　美しいカラーリーフは、寄せ植えのアクセントに。乾燥ぎみに管理し、茂ったら切り戻しを。

タイム
'フォクスリー'

g

シソ科、耐寒性多年草
細かい葉に、ランダムに入る白い斑がさわやか。どんな植物とも相性がよく、明るさアップに貢献。

作り方

1

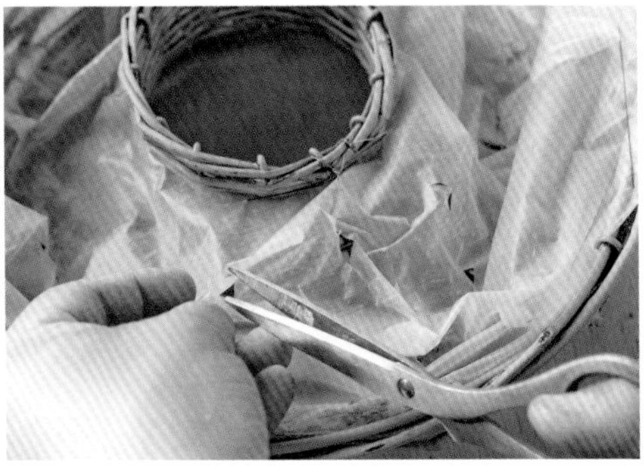

リース形バスケット内の付属のビニールに、排水用の穴を3～4cm間隔であける。その後、鉢底石を少し入れ、土を薄く入れる。

2

ブラキカム(1)を植える。左隣に、株分けしたセラギネラ(2)をバスケットの外周の縁に沿って植える。縁からあまりはみ出ないように植えると見映えがよい。

3

内周の縁に、株分けしたフィカス・プミラ(3)を植える。ブラキカム(4)を植え、外周の縁に株分けしたオレガノ(5)、内周の縁にフィカス・プミラ(6)を植える。さらにブラキカム(7)を植える。

4

フィカス・プミラ(8)、オレガノ(9)、カリッシア・レペンス(10)、タイム‘フォクスリー’(11)を植える。続いてタイム・ロンギカウリス(12)を植える。

5

セラギネラ(13)とカリッシア・レペンス(14)を植える。3か所に植えたフィカス・プミラをほかの植物と絡めてなじませる。土の乾燥防止と、壁などに掛けたときに土がこぼれにくくするため、土の表面に水ゴケを敷く。

6

さらに、掛けたときに土がこぼれないよう、全体にまんべんなくテグスを巻きつける。植物の間を縫うようにすると仕上がりがきれい。

お手入れMemo　リースの美しい形を保つには、輪郭(縁)と真ん中の穴が植物で乱されないよう剪定することが大事です。

淡いピンクの小花、シレネに小葉をやさしく寄り添わせて

可憐な小花を咲かせる、草丈の低い植物の魅力を引き立てるのが、リースです。
春なら、スズランみたいな釣鐘形の小花を咲かせるシレネ・ユニフローラを主役に、
同じく淡ピンクで極小輪のペラルゴニウムと交互に植えて、麗らかな春を描きましょう。
その間に、シルバーリーフや斑入り葉を点在させれば、心地よいアクセントに。

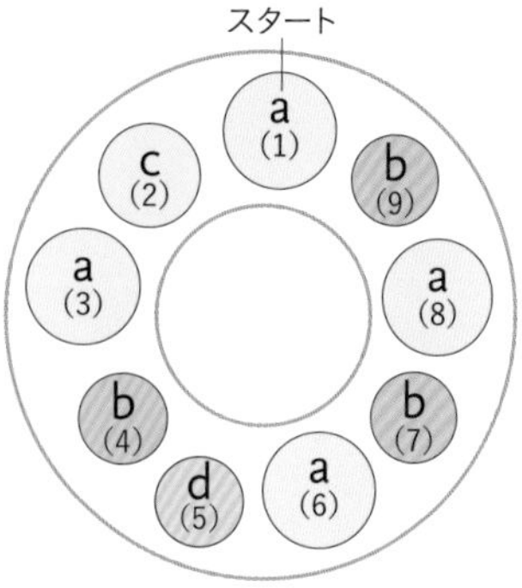

植栽図

a　シレネ・ユニフローラ‘シェルピンク’　4株
b　ペラルゴニウム‘コモモ’　3株
c　斑入りナツメグゼラニウム
d　ディコンドラ‘シルバーフォールズ’

用意するもの

★リース形ワイヤーバスケット
直径29×幅7×高さ9cm
★ココヤシファイバー

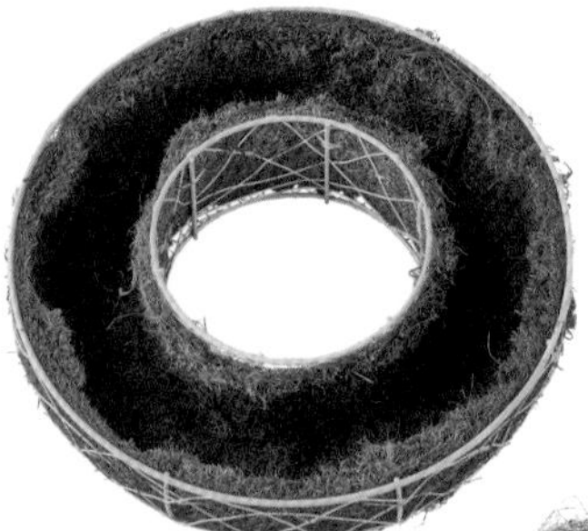

使用する植物

シレネ・ユニフローラ
‘シェルピンク’

ナデシコ科、耐寒性多年草　花の元部分が風船のように膨らみ、愛らしい。花は春のみだが、リーフとして活躍。蒸れに弱い。

ペラルゴニウム
‘コモモ’

フウロソウ科、半耐寒性多年草　ゼラニウムの仲間。淡ピンクの極小輪が春〜初夏まで次々咲く人気種。乾燥ぎみを好む。

斑入り
ナツメグゼラニウム

フウロソウ科、半耐寒性多年草　クリーム色の斑が入った小葉は魅力的で、小花と好相性。暑さや蒸れに弱いので風通しよく。

ディコンドラ
‘シルバーフォールズ’

ヒルガオ科、耐寒性多年草　ハート形の葉がかわいいシルバーリーフ。寄せ植えを明るくし、吊り鉢から垂らしても美しい。

作り方

1

リース形バスケットに土を薄く入れる（鉢底石は不要）。苗を置いてみて、低いようなら土を足し入れる。

2

リースの頂点にシレネ・ユニフローラ（1）を植える。苗をリース内に置いたらその都度、土を少し足して株元に寄せる。続いて反時計回りに斑入りナツメグゼラニウム（2）を植える。

3

シレネ・ユニフローラ（3）、ペラルゴニウム（4）の順に植え、リースの半分付近にディコンドラ（5）を植える。ディコンドラの長い枝がリースの枠から飛び出さず、枠に収まるように株の向きを確認して植える。

4

次にシレネ・ユニフローラ（6）を植える。ディコンドラと同じように、長い花茎がリースの枠からはみ出さないよう、株の向きを確認して植える。

5

ペラルゴニウム（7）、シレネ・ユニフローラ（8）を植えたら、最後にペラルゴニウム（9）を植える。隙間に土を足して、指で軽く押し込む。

6

ココヤシファイバーをふんわりと広げて細長くしたら、リースの外周と内周の土の上に敷く。リースを掛けた際に、土がこぼれるのを防いでくれる。

お手入れMemo　暑くなると蒸れやすいので、どの株もたまに枝をすくように切って枝数を少なくし、風通しをよくしましょう。

大粒の赤い実がアクセント！
チェッカーベリーのリース

直径23cm程度の大きさなら、わずか5株でかわいいリースが簡単に作れます。
センスよく見せる秘密は、脇役の配分にあります。リシマキアを6対4に株分けし、
大きいほうを右下に、小さいほうを左上に配置することで、軽さと動きが生まれます。
チェッカーベリーの赤い実は長もちし、葉も紅葉するので、冬まできれいな姿が楽しめます。

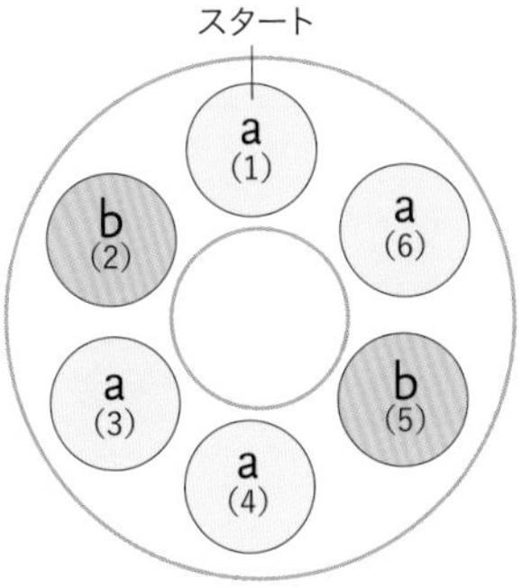

植栽図

a チェッカーベリー　4株
b リシマキア‘リッシー’
◆bは6対4の割合になるよう大小をつけて2つに株分けする

用意するもの

★リース形籐製バスケット
直径23×幅6×高さ6cm
付属のビニールに排水用の穴を3〜4cm間隔であけておく(p.93作り方1参照)
★シサル麻(サイザル麻)

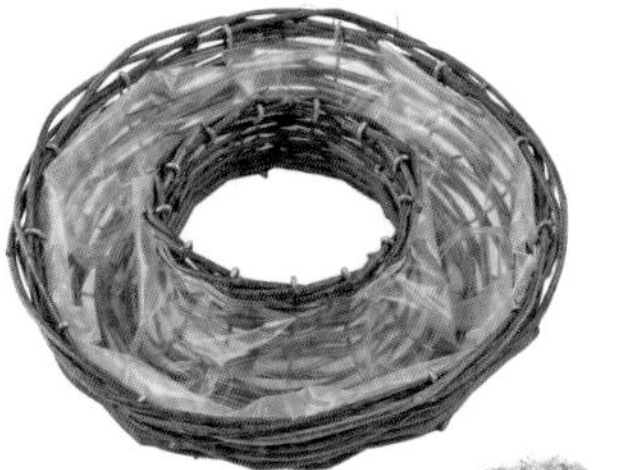

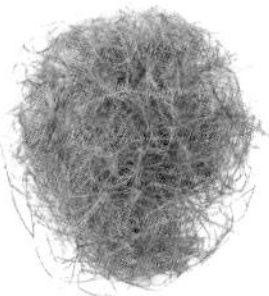

使用する植物

チェッカーベリー

a

ツツジ科、耐寒性常緑小低木　夏に白い小花が咲く。秋にかけて実をつけ、徐々に赤く色づく。葉は寒くなると赤みを帯びる。

リシマキア‘リッシー’

b

サクラソウ科、耐寒性多年草　暑さ寒さに強く、日向はもちろん半日陰でもよく育つ。5〜6月に黄色い小花を咲かせる。

◆チェッカーベリー以外のおすすめ植物
・ブラキカム、ミセバヤなど匍匐性で繁茂しない花や実
・多肉植物
・アジュガ
・匍匐性カラーリーフ
など

作り方

1

バスケットに土を薄く入れ(容器が浅いため、鉢底石は不要)、リースの頂点にチェッカーベリー(1)を、反時計回りに、株分けした小さいほうのリシマキア(2)を植える。

2

続いて、チェッカーベリー(3、4)を1株ずつ2株植える。次に、株分けした大きいリシマキア(5)を、リースの右下にくるように植えるとバランスよく仕上がる。

3

残っているチェッカーベリー(6)を植え終わったら、リースの内周と外周それぞれの縁に沿うようにシサル麻を軽く敷き入れてできあがり。

お手入れMemo　枝がリースからはみ出したらカットして形を整えて、きれいなリースの形をキープしましょう。

葉の大きさや形、色など
多肉植物の個性を楽しむリース

リース形バスケットに多肉植物を1種類ずつ固めるようにして7種類を植えました。すると、それぞれの個性が際立ってきて楽しいですよ。多肉植物の組み合わせは、まず小さい葉のセダムの仲間を集め、そこに少し大きな葉の‘秋麗’などを合わせて変化をつけています。多肉植物の草丈を揃えると、きれいなリースが作れます。

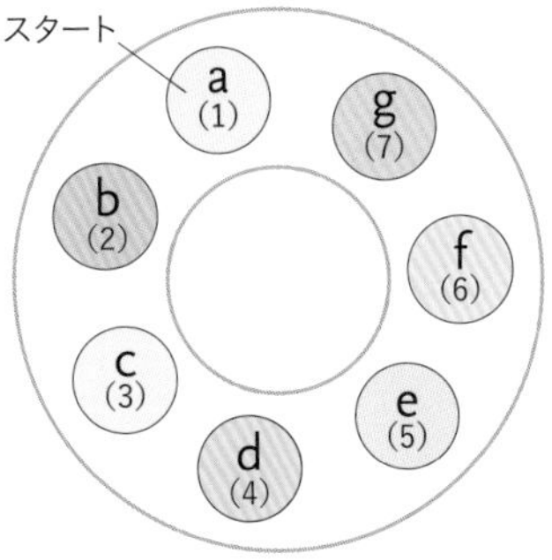

植栽図

a セダム・ブリット
b グラプトベリア‘ピンクプリティー’
c セダム‘オーロラ’
d グラプトセダム‘秋麗’
e セダム・ルベンス
f セダム‘オーロラブルー’
g セダム‘トリカラー’

用意するもの

★リース形ワイヤーバスケット
直径21×幅6×高さ6cm
★ココヤシファイバー

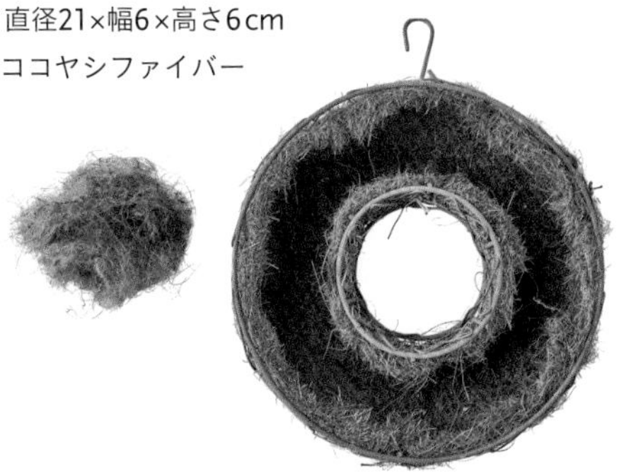

使用する植物

セダム・ブリット

ベンケイソウ科、半耐寒性多年草　粒々の小葉が連なって立ち上がる。冬に黄色く紅葉。切り戻して枝数を増やすと群生。

グラプトベリア ‘ピンクプリティー’

ベンケイソウ科、半耐寒性多年草　放射状に広がり、重なる葉は花のように見える。寒くなるとかわいいピンクに色づく。

セダム ‘オーロラ’

ベンケイソウ科、半耐寒性多年草　艶のある緑葉は、寒さでピンクに紅葉。伸びると下の葉は落ちるので切り戻しても。

グラプトセダム ‘秋麗’

ベンケイソウ科、半耐寒性多年草　淡いブルーの細長い葉は、紅葉期にはピンクを帯びて鮮やか。成長すると株立ちする。

セダム・ルベンス

ベンケイソウ科、半耐寒性多年草　淡緑の小葉は、寒さでオレンジに色づく。垂れるように育つので吊り鉢で楽しんでも。

セダム ‘オーロラブルー’

ベンケイソウ科、半耐寒性多年草　ブルーグレイの葉の表面には白い粉が。群生し、上に伸びるので、適宜剪定する。

セダム ‘トリカラー’

ベンケイソウ科、耐寒性多年草　緑、ピンク、白が混じる小葉は、這うように広がる。乾燥に強く、冬は落葉し、春に芽吹く。

お手入れMemo　長時間日の当たる場所で、乾かしぎみに育てましょう。水やりの際は、リースを横に寝かせて行います。

作り方

1

リース形バスケット全体に土を薄く入れる。リースの頂点にセダム・ブリット(1)を植え、新しい土を株の周りに足して寄せる。

2

頂点から反時計回りに植えていく。1の左下にグラプトベリア‘ピンクプリティー’(2)を植えたら、次はセダム‘オーロラ’(3)を植える。多肉植物を植えるたびに、新しい土を株の周りに足して寄せる。

3

グラプトセダム‘秋麗’(4)を植える。リースの左半分を植え終わる状況なので、バランスよく苗を配置して植えられているか、確認する。

4

セダム・ルベンス(5)を植えたら、セダム‘オーロラブルー’(6)を植える。小葉のセダムは、葉が落ちやすいので株元を持ち、できるだけ葉に触れないように植えるとよい。

5

最後に、セダム‘トリカラー’(7)を植える。

6

リースを掛けて楽しむ際に土がこぼれないよう、ココヤシファイバーを土の上に敷く。細長くしたココヤシファイバーを、リースの外周と内周それぞれに敷く。

持ち運びできる育てるインテリア

風合いのある木の板が1枚あれば、植物の居場所にもなる、素敵なインテリアボードが作れます。サボテンを寄せ植えした缶や、切り花を飾った瓶を吊るせば、ディスプレイの完成。壁にそのまま立て掛けてもいいし、金具をつけて壁に掛けても。丈夫なサボテンとはいえ、日差しが長く当たる場所に置くほうが元気に育ちます。たまには缶や瓶を変えて、違う雰囲気も楽しみましょう。

＊新品の板材なら、オイルステインや水性ペンキを塗って、味わいを加える方法もあります。

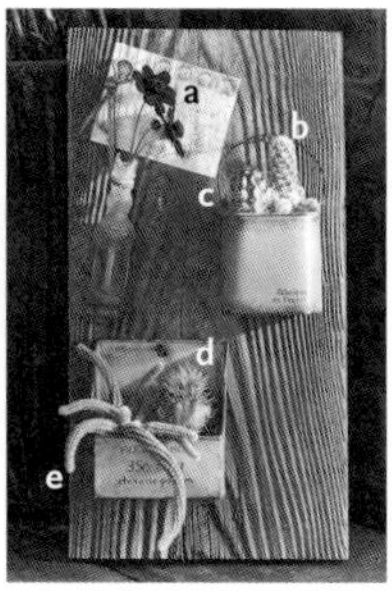

使用した植物

a チョコレートコスモス
b 黄金司(オウゴンツカサ)
c 大王閣(ダイオウカク)
d アウレイフローラ
e 白檀(ビャクダン)

Point 1

飾りボードを手作りしよう

配置を考えながら、板にクギを打つだけ。お気に入りの写真やカード(コピーでもOK)を接着剤で貼ると、より雰囲気が出ます。

Point 2

いろいろな缶を吊るして遊ぶ

あき缶に好みの水性ペンキで色を塗れば、素敵な飾り缶に。側面に穴をあけるだけでもいいし、アルミワイヤーで取っ手をつける方法も。

Column 3

好きな場所に飾るための、お助けアイテム

飾りたい場所に、ちょうどいい壁やフックがなくても、ハンギングは楽しめます。可能にしてくれるのが、鉢を飾るための「ハンギングスタンド」。掛けるタイプと吊るタイプの両方があり、手軽に移動できるものや、土に差し込むポールタイプなど、種類はさまざま。玄関先やベランダなどに飾るのに便利です。形や素材もいろいろで、アイアン製のシンプルなものからカントリー風のウッドスタンドなど、飾るシーンに合ったものを選びましょう。お気に入りのスタンドが見つかれば、ハンギングがもっと楽しくなります。

ポールスタンド

尖った先端(写真下)を地面に差し込んで使う、吊り下げ式のアイアン製スタンド。庭や花壇などに設置して使用。好きな場所にフォーカルポイントが作れて便利です。風の強い場所に置くときは、倒れないように注意を。

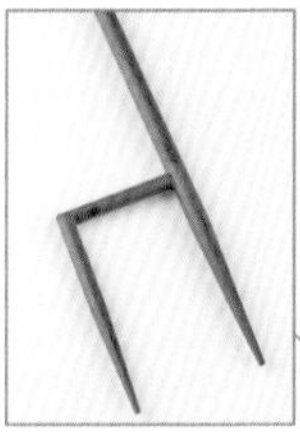

フックいろいろ

壁や柱などに取りつけ、バスケットを掛けたり、吊るしたりするためのフックは種類が豊富。ハンギングの雰囲気に合ったフックを選べば、よりハンギングが引き立ち、愛着もわきます。

掛けるタイプのスタンド

ハンギングを引き立てる額縁のような役割も果たします。ベランダや玄関先など、省スペースに重宝。折りたたみ式が多く、収納場所もとりません。リースを掛けても素敵。

吊るすタイプのスタンド

エレガントなアイアン製のスタンド。バスケットはもちろん、鳥かごなどを吊り下げてもかわいい。ベランダや玄関先に置くほか、庭のオブジェとして活用しても庭が華やぎます。

Part 4

スリットバスケットを飾る

バスケットの上面だけでなく、側面にもスリットから植物を植えられるため、ボール状の華やかなハンギングを作れるのが、スリットバスケットの最大の特徴です。メインの花は視線の集まる中央正面に植えて、アクセントになる葉ものは目立つ場所に。つる性のグリーンを垂らせば、全体に躍動感も生まれます。

「こんもりハンギング」の上手な作り方

仕上がりの美しさを左右するのが、植物を植える前の準備。
スリットバスケットの扱い方、植物の選び方と配置の仕方、
苗の扱い方など、基本をしっかりと押さえましょう。

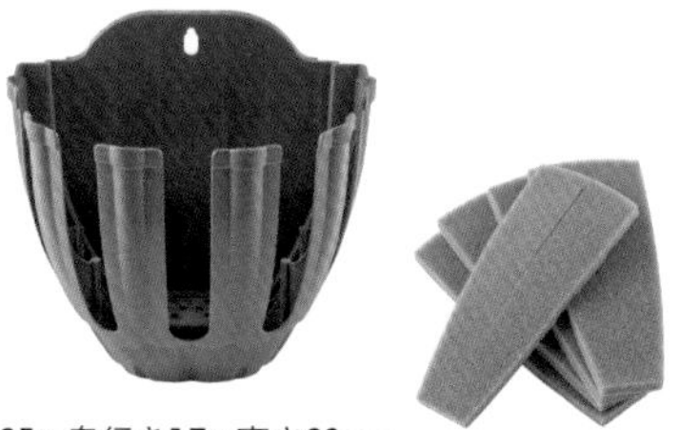

幅25×奥行き17×高さ23cm

◎スリットバスケットの扱い方の基本

鉢のスリット部分から土がこぼれないように、付属のスポンジを貼りつけます。
ほかに、鉢底石、元肥を混ぜた培養土も用意します（p.123参照）。

1

スポンジのシールをはがし、スリット部分に内側から貼りつける。粘着力が強いので、一発で貼るのがポイント。

2

すべて貼り終わった状態。スポンジが少し上にはみ出すと、ウオータースペースができてよい。スポンジの切れ込み部分は手で裂いておく。

3

スポンジの粘着面に土をかけ、手でしっかりとすりつける。葉や茎が粘着面に貼りつくのを防ぐ。

4

排水をよくするため、鉢底石を2〜3cmの高さまで入れる。

5

スリットの下の切れ込みが終わるところまでを目安に、元肥を加えた培養土を入れる。

◎植物の配置を決める

植物を下のほうから植えて立体的な美しい形にするのが、スリットバスケットの特徴です。
ビギナーにおすすめなのは、側面を2段に分け、上部の植え込みを3段目として配置する方法。
慣れてくれば、段数を増やし、もっと細かく複雑に作り込むこともできます。

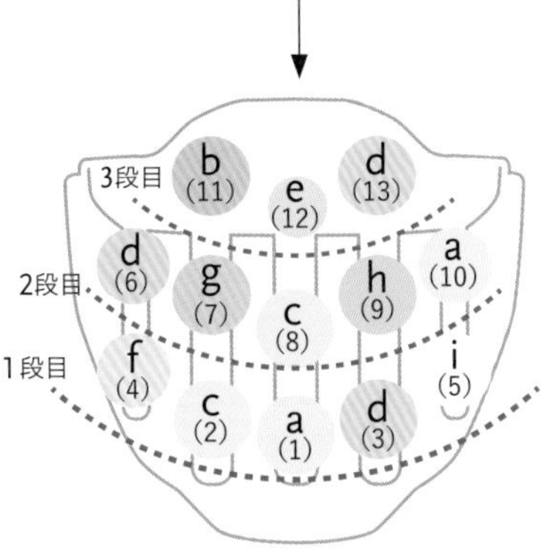

Step 1 花の配置を決める

メインの花を1つ決めたら（今回は、ピンク色のペチュニア）、引き立て役となるサブの花を1つ選ぶ（クリーム色のペチュニア）。2色なら、色合わせで失敗することが少ない。花は同じ色を固めても、散らしてもお好みで。

Step 2 リーフ類を花の間に入れる

リーフ類は、Step1で選んだ花苗の花の大きさや色、葉色を見ながら、違うものを選ぶほうが、アクセントになってよい。花と花の間に、バランスを見ながらリーフ類を配置。白は何にでも合い、やさしい雰囲気をプラスする。

Step 3 枝垂れる、広がる植物を活用

長い枝先やベールのように広がる植物が、ハンギングに動きをつけたり、ナチュラルな雰囲気に仕上げたりしてくれる。とくに、プラスチック部分を上手に隠したいときに重宝。

植物リスト

a ペチュニア‘ビバ・サクラ’ 2株
b ペチュニア‘ビバ・ピンク’
c ペチュニア‘スーパーチュニア・チャームピンクベイン’ 2株
d ペチュニア‘バタークリーム’ 3株
e タイム‘フォクスリー’
f プレクトランサス‘ミントリーフ’
g ロータス・ヒルスタス‘ブリムストーン’
h ユーフォルビア‘ダイアモンドフロスト’
i ロータス・クレティクス

苗の扱い方の基本

寄せ植えするので、苗を少しスリムにすると植えやすくなります。

1

ポットから取り出したペチュニアの株。

2

根鉢の肩の部分を軽く手でほぐし、土を落とす。

3

できあがり。株元を細くするとスリットに入れやすい。

◆苗を小さくしたいときは株分けを

饅頭を割るように、根鉢をやさしく手で分ける。葉っぱを持つのはNG。

植物の植え方の手順

側面の1段目を植える

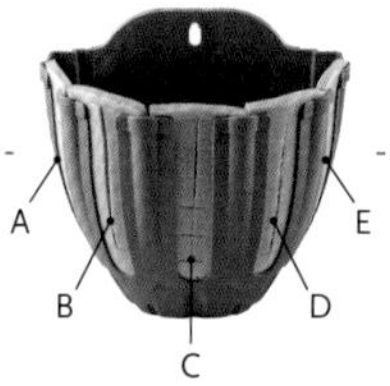

◆スリットの基本の植え方

スリットの上部から苗の株元を挟み込み、植えたい場所まで一気に差し込むと植物が傷みにくい。

1 正面中央からスタート

土を薄く入れ、スリットCにペチュニア'ビバ・サクラ'(1)を植える。スリット下のプラスチックが隠れているか確認を。

2 中央の左は少し上に

スリットBに、ペチュニア'スーパーチュニア・チャームピンクベイン'(2)を植える。苗は、1より少し上の位置にするのがポイント。

3 中央の右も少し上に

スリットDに、ペチュニア'バタークリーム'(3)を植える。苗の位置は、2とほぼ同じで、1より上に。

4 左の脇に

スリットAに、プレクトランサス(4)を2よりも少し上の位置に植える。プラスチックは隠したいが、下まで入れすぎると角張って見えるので注意。

5 右の脇に

スリットEに、ロータス・クレティクス(5)を植える。4と同様、エラが張って見えないよう、下げすぎないようにする。

6 1段目完了

1段目が植え終わったら、根の部分が隠れる程度に土を足す。正面から見て、全体に丸みが出ているか、確認する。

側面の2段目を仕上げる

7 左脇からスタート

スリットAに、ペチュニア‘バタークリーム’(6)を植える。上部のプラスチックを隠しつつ、先に植えた植物となじむように植える。

8 右隣に植える

同様に、スリットBに、ロータス・ヒルスタス(7)を植える。枝垂れる枝が表情を作り、プラスチック隠しにもなる。

9 中央は華やかに

スリットCに、ペチュニア‘スーパーチュニア・チャームピンクベイン’(8)を植える。横から見たときに、スリットの縁より上にはみ出るように意識する。

10 右隣に植える

スリットDに、ユーフォルビア(9)を植える。ふわっとした枝先を、先に植えた植物の間に絡ませるとエレガント。

11 最後に右脇を

スリットEに、ペチュニア‘ビバ・サクラ’(10)を植える。脇のプラスチックを隠すように長い枝を枝垂れさせるとよい。

12 2段目完了

上部の縁が植物で隠れているかチェックし、根が隠れる程度に土を足す。

上面の3段目に植える

13 左端から

左端の手前に、ペチュニア‘ビバ・ピンク’(11)を植える。側面とのつなぎが自然になるように、またプラスチックが隠れるように意識する。

14 中央は高く

中央の縁近くにタイム(12)を植える。13のペチュニアより高さが出るように植え、枝は側面中央のペチュニアに枝垂れさせて一体化させる。

15 できあがり

右端に、ペチュニア‘バタークリーム’(13)を植える。枝ぶりを見て、左右、前後の隙間やプラスチックが隠れるように植える。正面から見ると円を描き、横から見ても半円を描くような仕上がりが理想。最後にたっぷりと水をやる。

陽だまりに咲く野の花に、オレンジの小花がアクセント →作り方 110ページ

真夏の日差しに映える、情熱的な赤で視線をくぎ付けに

→作り方 112ページ

陽だまりに咲く野の花に
オレンジの小花がアクセント

視界に真っ先に飛び込んでくるのは、春のやわらかな日差しによく似合う、中央部のエリゲロンとマトリカリア。白&黄の淡い色合いを、オレンジの小花、ヒベルティア・ステラリスが、かわいらしく仕上げてくれます。リーフ類も淡い緑や明るい緑にこだわり、春らしくさわやかに。1本長く垂らしたヘデラがエレガント。

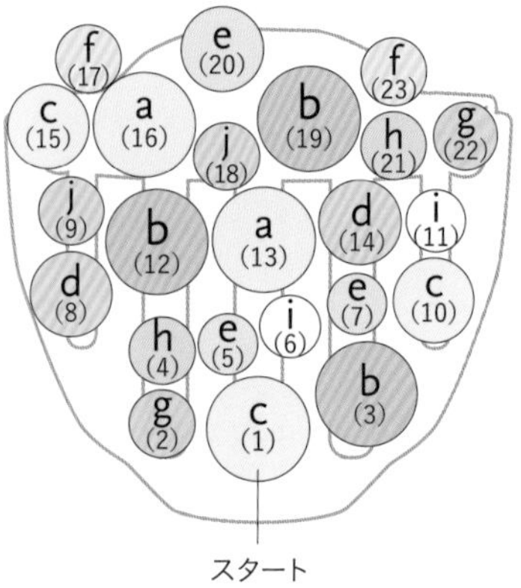

植栽図

a エリゲロン 2株
b マトリカリア 3株
c ベゴニア・センパフローレンス 3株
d ヒベルティア・ステラリス 2株
e オレガノ'ロツンディフォリウム' 2株
f ワイヤープランツ'スペード'
g ラミウム'スターリングシルバー'
h オレガノ'サンブレスバラエティ'
i ヘデラ'グレイシャ'
j ヘデラ'ユキマツリ'

◆eのうちの1株、f、g、h、i、jは2つに株分けして使用

用意するもの

★スリットバスケット
幅25×奥行き17×高さ23cm
付属のスポンジを貼りつけておく
(p.105参照)

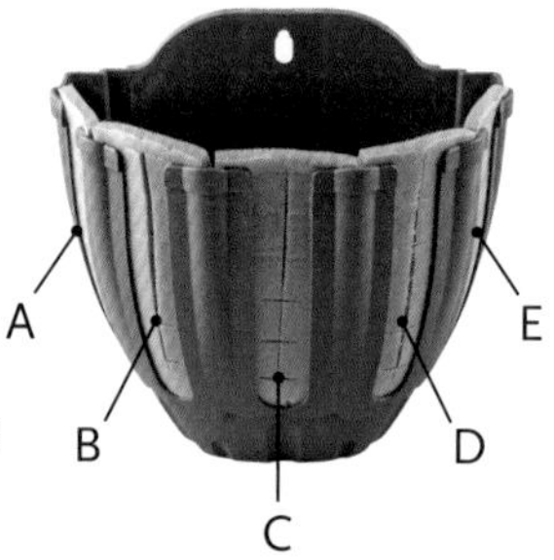

使用する植物

エリゲロン

キク科、耐寒性多年草
細かく枝分かれし、株を覆うように花を咲かせる。どんな草花にも合わせやすく、引き立て役に重宝。

マトリカリア

キク科、耐寒性多年草
夏、風通しのよい涼しい場所で高温多湿を避ければ、毎年花を楽しめる。白と黄のかわいらしい花。

ベゴニア・センパフローレンス

シュウカイドウ科、非耐寒性多年草 春〜秋遅くまで休まず咲く、丈夫な花。自然と丸い形に育つのでハンギング向き。

ヒベルティア・ステラリス

ビワモドキ科、半耐寒性常緑低木 花径1〜2cmで黄〜オレンジ色の小花は3〜7月まで開花。冬は霜や寒風を避けて。

オレガノ'ロツンディフォリウム'

シソ科、耐寒性多年草
四季咲き性なので、ある程度咲ききったら切り戻すことで、再び花芽がつく。性質はとても強健。

ワイヤープランツ'スペード'

タデ科、耐寒性多年草
葉はスペードの形で、茎は細く動きがありワイヤーのよう。寄せ植えに変化をつけたいときに重宝。

ラミウム'スターリングシルバー'

シソ科、耐寒性多年草
シルバーがかった美しい葉で、横に這うように広がる。ハンギングやグラウンドカバーにおすすめ。

オレガノ'サンブレスバラエティ'

シソ科、耐寒性多年草
寒さに強く非常に丈夫。鮮やかなライム色の葉は、寄せ植えに明るさをプラス。茂ったら切り戻しを。

ヘデラ'グレイシャ'

ウコギ科、耐寒性常緑つる性木本 白斑ヘデラの代表品種。ハンギングで枝垂れさせると美しい。暑さにも強く非常に強健。

ヘデラ'ユキマツリ'

ウコギ科、耐寒性常緑つる性木本 葉の切れ込みが深く、全体にウェーブがある。白い新芽が美しく、明るい印象に。

作り方

1

土を薄く入れ、スリットCにベゴニア・センパフローレンス(1)を、スリットBにラミウム(2)を、スリットDにマトリカリア(3)を植える。スリット下の切れ込みが隠れるまで差し込み、全体に丸いラインになるように。

2

スリットBにオレガノ‘サンブレスバラエティ’(4)を、スリットCに株分けしたオレガノ‘ロツンディフォリウム’(5)とヘデラ‘グレイシャ’(6)を植える。

3

スリットDに株分けしたオレガノ‘ロツンディフォリウム’(7)を植え、スリットAにヒベルティア・ステラリス(8)、ヘデラ‘ユキマツリ’(9)の枝先を中央に向けて植える。

4

スリットEにベゴニア・センパフローレンス(10)、ヘデラ‘グレイシャ’(11)の枝先を中央に向けて植える。

5

スリットBにマトリカリア(12)、スリットCにエリゲロン(13)、スリットDにヒベルティア・ステラリス(14)を植える。側面のラインを揃えて完成。

6

上面の左端手前に、スリットの縁を隠すようにベゴニア・センパフローレンス(15)を、左斜めに傾けて植える。側面部分と自然につながって見えるように植えることが大事。

7

6の右に、鉢の縁が隠れるよう、エリゲロン(16)を前に傾けて植える。続いて、その後ろにワイヤープランツ(17)を植え、枝を手前に垂らす。

8

エリゲロン(16)の右側に、鉢の縁が隠れるようヘデラ‘ユキマツリ’(18)を植え、その右にマトリカリア(19)、奥にオレガノ‘ロツンディフォリウム’(20)を植える。手前の縁沿いにオレガノ‘サンブレスバラエティ’(21)を植える。

9

鉢の右端に、ラミウム(22)を前に傾けて植える。最後は、ワイヤープランツ(23)を植え、枝先を手前に垂らし、全体を丸く整える。

お手入れMemo　花がらはこまめに取り除きます。月に一度は剪定し、きれいな丸いスタイルを保つようにしましょう。

真夏の日差しに映える
情熱的な赤で視線をくぎ付けに

美しいスリットハンギングを作る王道は、草姿が自然と丸くなる植物を選ぶこと。
その代表が、ベゴニア・センパフローレンスです。見慣れた花も赤一色で揃え、
紫のイポメアと黒のコクリュウを相棒に迎えることで、シックで都会的な印象に。
斑入りのハゴロモジャスミンの軽やかさが、暗くなりすぎない絶妙なさじ加減。

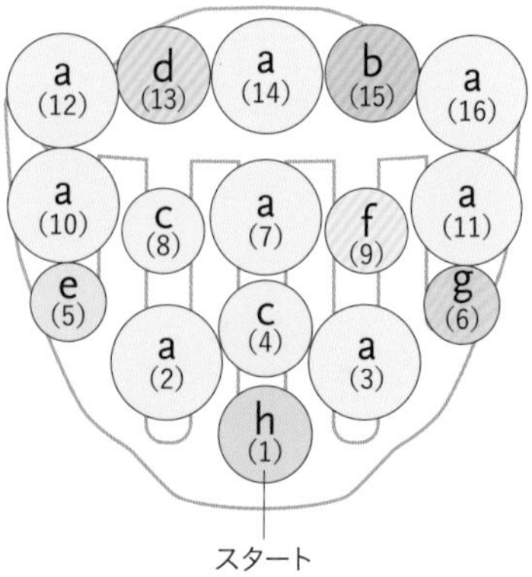

植栽図

a　ベゴニア・センパフローレンス　8株
b　ハゴロモジャスミン'ミルキーウェイ'
c　クランベリー
d　イポメア'スイートハート・パープル'
e　イポメア'スイートキャロライン・パープル'
f　コクリュウ
g　キンギョソウ'ダンシングクイーン'
h　ヘデラ'ツバサ'
◆cは2つに株分けして使用

用意するもの

★スリットバスケット
幅25×奥行き17×高さ23cm
付属のスポンジを貼りつけておく
(p.105参照)

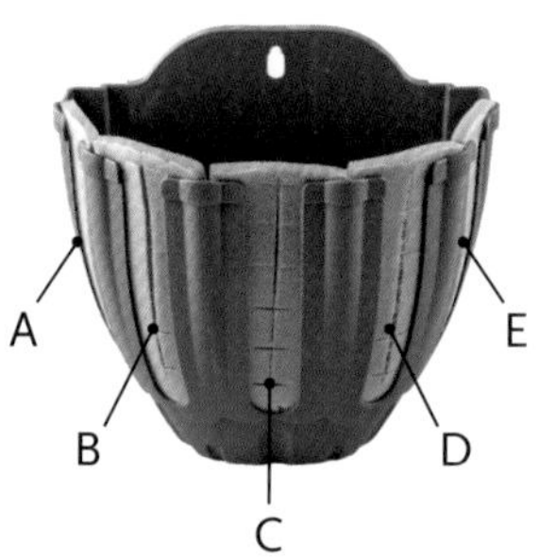

使用する植物

ベゴニア・
センパフローレンス

シュウカイドウ科、非耐寒性多年草　春～秋まで開花する、丈夫な花壇苗。暑さに強く、多湿が苦手。風通しのよいところで。

ハゴロモジャスミン
'ミルキーウェイ'

モクセイ科、半耐寒性つる性木本　花に上品な香りをもつ、斑入り種。つる性でしなやかに伸びる枝は動きを出すのに重宝。

クランベリー

ツツジ科、耐寒性常緑低木　春に白い小花が咲く。花後につける小さなリンゴのような青い実は、熟すにつれて赤く色づく。

イポメア
'スイートハート・パープル'

ヒルガオ科、非耐寒性多年草　暑さにとても強く、美しく枝垂れる。ハート形の紫の葉は、ハンギングのよい引き立て役に。

イポメア'スイート
キャロライン・パープル'

ヒルガオ科、非耐寒性多年草　暑さに強い、サツマイモの園芸種。深い切れ込みの入る紫葉は、ハンギングをシックに彩る。

コクリュウ

ユリ科、耐寒性多年草　オオバジャノヒゲの園芸種。寒さに強く、とても強健。アクセントになり、寄せ植えを引き締める。

キンギョソウ
'ダンシングクイーン'

ゴマノハグサ科、半耐寒性多年草　細長い銅葉に、ピンク～クリームの散り斑が入る。葉色の変化が美しい。花は深い赤紫。

ヘデラ'ツバサ'

ウコギ科、耐寒性常緑木本　葉は濃い緑で、ヘデラ特有の切れ込みがないタイプ。細身の卵形が、スッキリとした印象。

作り方

1

土を薄く入れ、スリットCにヘデラ(1)を植える。スリットB、スリットDの順番に、ベゴニア・センパフローレンス(2、3)を1株ずつ植える。いずれも中央のヘデラより少し上の位置に植え、全体が丸くなるようにする。

2

スリットCに、クランベリー(4)を植える。下のヘデラと一体感が生まれるよう、枝の流れを意識しながら植えるとよい。

3

側面のスリットAに、イポメア‘スイートキャロライン・パープル’(5)を、スリットEにキンギョソウ(6)を植える。それぞれ枝先を中央に向けて植える。

4

スリットCに、ベゴニア・センパフローレンス(7) を、花が正面を向くように植える。

5

スリットBにクランベリー(8)を、スリットDにコクリュウ(9)を植える。ベゴニアに囲まれる位置に植えるコクリュウは、全体の引き締め役。

6

両端のスリットAとEに、ベゴニア・センパフローレンス(10、11)を1株ずつ植える。鉢の上部の縁が、側面の植物で自然と隠れるように植えると仕上がりが美しい。

7

上面左端に、鉢の縁を隠すようにベゴニア・センパフローレンス(12)を植える。右隣に、イポメア‘スイートハート・パープル’(13)を枝垂れるように植え、正面にベゴニア・センパフローレンス(14)を、高さを出して植える。

8

7の右にハゴロモジャスミン(15)を植える。最後、ベゴニア・センパフローレンス(16)を側面部とつながって見えるよう右斜め前に傾けて植える。

9

ハゴロモジャスミンの枝先を1本ずつ、左右に植わっているベゴニア・センパフローレンスの間を縫うように這わせて、自然な雰囲気を演出する。

お手入れMemo　ベゴニアはこまめにカットして丸い形をキープ。月に一度、固形肥料を施すとよいでしょう。

クス玉みたいで愛らしい。ふわり揺れる、黄色いジニア →作り方 116ページ

繊細なシルバーリーフが引き立てる、可憐な淡色の草花 →作り方118ページ

クス玉みたいで愛らしい。ふわり揺れる、黄色いジニア

球形ハンギングを簡単に作るなら、側面にスリットがついた専用バスケットが便利。美しく仕上げるコツは、プラスチックの側面部分がむき出しにならないよう、つる性の植物などを上から垂らし、ナチュラルにやわらかく見せることです。花とリーフを隣り合わせに配置しているので、黄色の同系色も単調に感じません。

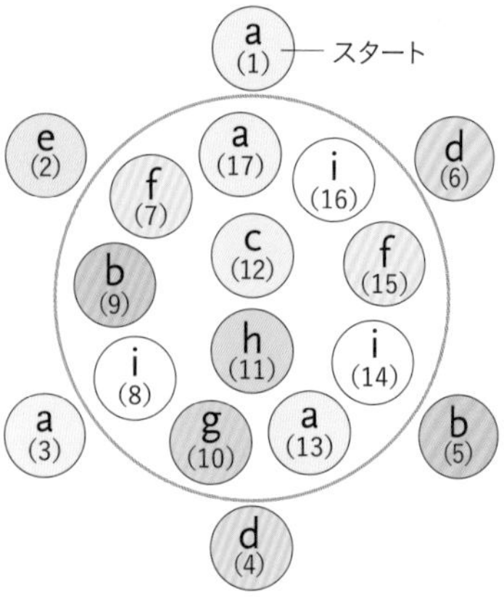

植栽図

a ジニア‘プロフュージョン’ 4株
b ジニア・リネアリス（黄） 2株
c ジニア・リネアリス（白）
d ランタナ・カマラ 2株
e コバノランタナ
f ブライダルベール 2株
g リシマキア‘リッシー’
h ロニセラ・ニティダ ‘エドミーゴールド’
i アメリカヅタ‘バリエガータ’ 3株

用意するもの

★ハンギングバスケット（スリット入り）
直径25×高さ15cm（チェーンの長さ40cm）
付属のココヤシファイバーを敷いておく

使用する植物

ジニア‘プロフュージョン’

キク科、非耐寒性一年草 ピンクや黄色、オレンジなど発色のよい花を咲かせる。開花も秋遅くまでと長く、人気の草花。

ジニア・リネアリス（黄）

キク科、非耐寒性一年草 枝は分枝性に優れ、こんもりと株いっぱいに小輪の花を咲かせる。ポップな黄色は、代表的な色。

ジニア・リネアリス（白）

キク科、非耐寒性一年草 （b）と同種の白花。真夏は風通しのよい場所で過湿に注意。次々に開花し、晩秋まで楽しめる。

ランタナ・カマラ

クマツヅラ科、半耐寒性常緑低木 草姿が乱れたら草丈の半分ぐらいで切り戻しを。日当たりと風通しのよいところで管理。

コバノランタナ

クマツヅラ科、半耐寒性常緑低木 （d）のカマラよりコンパクトで横に広がって成長。花後はタネがつくのでまめに取る。

ブライダルベール

ツユクサ科、非耐寒性多年草 葉の表は緑で、裏は赤紫。よく分枝し、こんもりとした草姿に。枝先には無数の白い小花が。

リシマキア‘リッシー’

サクラソウ科、耐寒性多年草 ライムイエローの葉に不規則な斑が入る。横に這うように広がり、初夏に黄色い花が咲く。

ロニセラ・ニティダ‘エドミーゴールド’

スイカズラ科、耐寒性常緑低木 ライムイエローの小葉を密につける。暑さ寒さに強く、ハンギングを鮮やかに仕上げる。

アメリカヅタ‘バリエガータ’

ブドウ科、耐寒性落葉つる性木本 明るい緑葉に、クリーム色の斑が入る。秋の紅葉も美しい。挿し木で増える。

作り方

1

土を薄く入れ、側面のスリットに、ジニア‘プロフュージョン’(1)、コバノランタナ(2)、ジニア‘プロフュージョン’(3)、ランタナ・カマラ(4)、ジニア・リネアリスの黄(5)、ランタナ・カマラ(6)を植える。土を少し足す。

2

コバノランタナ(2)の近くに、ブライダルベール(7)を植える。鉢の半球形の曲線と自然なラインになるよう外側に角度をつけて植える。

3

ジニア‘プロフュージョン’(3)の近くに、アメリカヅタ(8)を鉢の縁から枝垂れるように植える。側面の、植物がない場所を覆うような感じになるとよい。

4

2と3の間にジニア・リネアリスの黄(9)を外側に角度をつけて植える。続いて、アメリカヅタ(8)の隣に、リシマキア(10)を縁から枝垂れさせるように植える。

5

4の後方に、ロニセラ・ニティダ(11)を外側に傾けて植える。その後ろ(中央部)に、いちばん高くなるジニア・リネアリスの白(12)を植える。

6

右手前(4のリシマキアの隣)に、ジニア‘プロフュージョン’(13)を外側に角度をつけて植える。

7

6の右に、アメリカヅタ(14)を鉢の縁から枝垂れるように植える。枝先を左横のジニア(13)に沿わせながら、側面のジニア・リネアリス(5)の左側に垂らす。

8

7の隣に、ブライダルベール(15)を植える。外側手前に角度をつけ、側面のジニア・リネアリス(5)とランタナ・カマラ(6)の間を覆う感じになるとよい。

9

8の隣にアメリカヅタ(16)を鉢の縁から枝垂れるように植える。最後に、ジニア‘プロフュージョン’(17)を外に傾けて植える。付属のチェーンを3か所、スリット鉢に取りつける。

お手入れMemo　ジニアやランタナは夏の間も休まず次々開花するので、花がらは早めに摘み取ります。

繊細なシルバーリーフが引き立てる、可憐な淡色の草花

淡い紫の可憐な花をこんもりと咲かせるブラキカムは、スリットの主役にぴったり。花色を揃えて散らしたクフェアとネメシアの小花も、ふわふわと風に揺れてやわらか。控えめな花ばかりなので、ハツユキカズラの白い斑入り葉や2種のシルバーリーフでかわいらしさと明るさをプラス。リシマキアの銅葉が全体の引き締め役です。

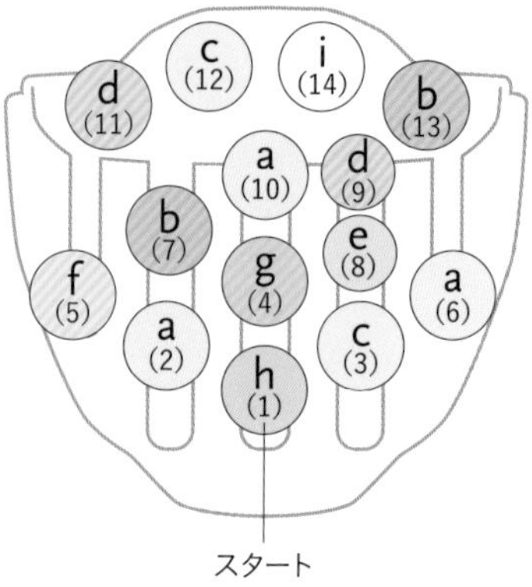

植栽図

a ブラキカム・ディバシフォリア‘コイゴコロ’ 3株
b クフェア 2株
c ネメシア 2株
d ハツユキカズラ 2株
e ロータス・クレティクス
f オレアリア‘シルバーナイト’
g リシマキア‘シューティングスター’
h ハゴロモジャスミン‘ミルキーウェイ’
i ワイヤープランツ

用意するもの

★スリットバスケット
幅25×奥行き17×高さ23cm
付属のスポンジを貼りつけておく（p.105参照）

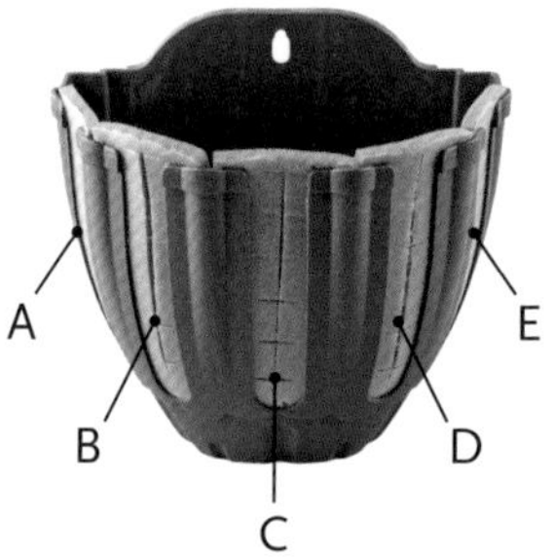

使用する植物

ブラキカム・ディバシフォリア‘コイゴコロ’

キク科、半耐寒性多年草 繊細な姿に似合わず、強健。株はコンパクトにまとまり、花つきがよい。日当たりと風通しを好む。

クフェア

ミソハギ科、半耐寒性多年草 初夏～晩秋まで開花期間は長い。日光が不足すると花つきが悪くなる。冬は霜を避けて管理。

ネメシア

ゴマノハグサ科、半耐寒性多年草 四季咲き性。花つきが悪く草姿が乱れたら、2～3節残して切り戻す。日当たりを好む。

ハツユキカズラ

キョウチクトウ科、耐寒性多年草 強健なつる性植物。ピンクを帯びた新芽が美しい。長く下垂する枝はハンギングに重宝。

ロータス・クレティクス

マメ科、耐寒性多年草 やわらかい枝に連なる繊細な銀葉は、ハンギングを明るい印象に。多湿が苦手なので乾燥ぎみに。

オレアリア‘シルバーナイト’

キク科、耐寒性常緑小低木 シルバーの細枝を分枝させコンパクトに育つ。高温多湿に弱く、夏は半日陰で乾燥ぎみに管理。

リシマキア‘シューティングスター’

サクラソウ科、耐寒性多年草 銅葉に不規則なピンクの斑が入る。枝垂れる姿も美しい。強健なグラウンドカバープランツ。

ハゴロモジャスミン‘ミルキーウェイ’

モクセイ科、半耐寒性つる性木本 ソフトな印象の斑入り種。春に花芽をつけるには冬の低温が必要だが霜や寒風は避けて。

ワイヤープランツ

タデ科、耐寒性多年草 横に這うように広がる。赤茶の細い茎に丸い小葉がびっしり。日向を好み、夏の直射日光にも強い。

作り方

1

土を薄く入れ、スリットCにハゴロモジャスミン(1)を下まで差し込む。スリットBにブラキカム・ディバシフォリア(2)、スリットDにネメシア(3)を植え、全体に丸みを作る。

2

スリットCのハゴロモジャスミンの上に、リシマキア(4)を植える。淡い花色の中に濃い葉色を加えることで、より花色が引き立つ。

3

スリットAに、オレアリア(5)を植える。下まで差し込み、右横のブラキカム・ディバシフォリア(2)となじむよう、枝の流れを意識しながら植える。

4

スリットEに、ブラキカム・ディバシフォリア(6)を植える。花の向きや茎の動きがきれいに見える角度を見つけ、下まで差し込む。

5

スリットBに、クフェア(7)を植える。先に植えているブラキカム・ディバシフォリア(2)となじませることを意識しながら、スリットの縁が枝で隠れるようにする。

6

スリットDに、ロータス・クレティクス(8)を、枝がきれいに垂れる向きを見つけて植える。その上に、ハツユキカズラ(9)を密着させるように植える。

7

スリットCの上部の隙間部分に、ブラキカム・ディバシフォリア(10)を植えて側面部分の完成。スリットの上部の縁が植物で隠れているかを、途中で確認する。

8

上面の左端に、縁を隠すようにハツユキカズラ(11)を植える。その右後方に、ネメシア(12)を植えて高さを出し、右端手前にクフェア(13)を枝垂れるように植える。最後に、ワイヤープランツ(14)を植える。

9

ワイヤープランツや1で植えたハゴロモジャスミンは、細長い枝をほぐし、花と花の間をつなぐように、自然な感じでふわっと広げて前方に垂らしたり、枝先の流れを生かして上に這わせたりするとよりナチュラルな雰囲気に。

お手入れMemo　ブラキカムは四季咲き性で休まず花を咲かせるので、花がらはこまめに取り除きましょう。

プリムラの愛らしさに心ときめく やさしいピンクのグラデーション

主役のプリムラ・ジュリアンを中央に配し、引き立て役のプリムラ・ポリアンサを右上に固めて色合いにメリハリを出すことで、ピンクのかわいらしさが際立ちます。相性のよい白や紫の小花をプラスすることで、いっそうピンクが華やぎます。リーフ類はつる性植物だけを選び、軽やかな動きをつけてナチュラルに仕上げました。

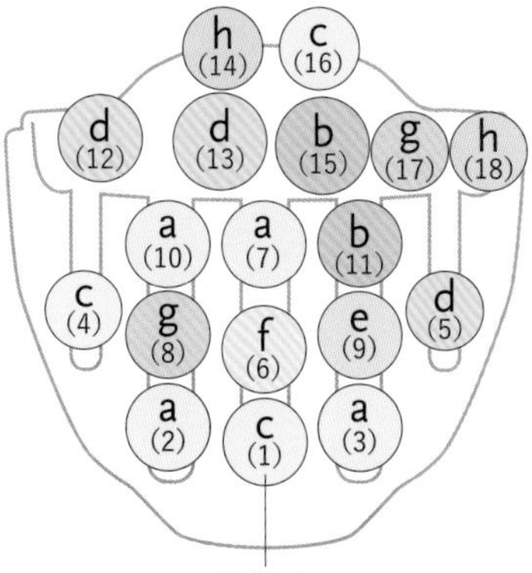

植栽図

a プリムラ・ジュリアン ‘イチゴのミルフィーユ’ 4株
b プリムラ・ポリアンサ ‘レインボー’ 2株
c パンジー ‘ピーチシェード’ 3株
d スイートアリッサム 3株
e ハーデンベルギア
f ヘデラ ‘カリフォルニアゴールド’
g ヘデラ ‘ホワイトメインハート’
h ヘデラ ‘レディケイ’
◆g、hは2つに株分けして使用

用意するもの

★スリットバスケット
幅25×奥行き17×高さ23cm
付属のスポンジを貼りつけておく
(p.105参照)

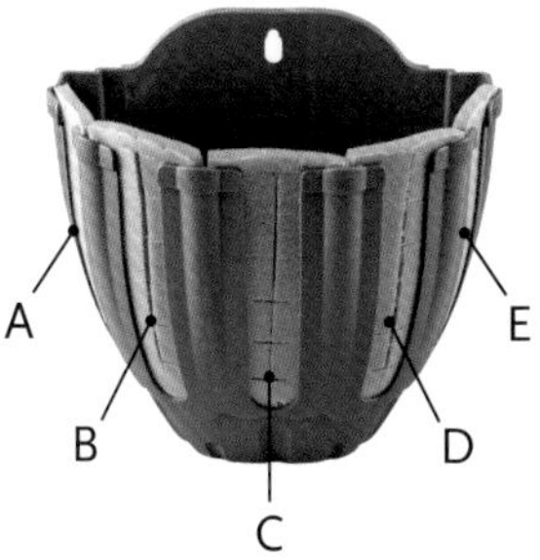

使用する植物

プリムラ・ジュリアン ‘イチゴのミルフィーユ’

a

サクラソウ科、耐寒性多年草 名前のとおり波うつ花弁が重なって咲く。白いつぼみは咲き進むにつれ濃いピンクへと変化。

プリムラ・ポリアンサ ‘レインボー’

b

サクラソウ科、耐寒性多年草 花茎は立ち上がらず、株の中央にまとまって開花。日当たりを好むが、強い霜や凍結に注意。

パンジー ‘ピーチシェード’

c

スミレ科、耐寒性一年草 濃いピンクが花弁を縁取り、やさしい印象。花色に濃淡の幅がある。中輪で花つきよく、非常に強健。

スイートアリッサム

d

アブラナ科、耐寒性一年草 小花を密につけ、房状に咲く。甘い香りがある。草丈は低く、カーペット状に這い広がる。

ハーデンベルギア

e

マメ科、半耐寒性つる性木本 節々から花茎を出し、穂状になって咲く。暖地なら戸外で越冬。霜や寒風に当たると株が傷む。

ヘデラ ‘カリフォルニアゴールド’

f

ウコギ科、耐寒性常緑つる性木本 濃い緑に、黄緑の斑が入る。冬は全体に茶色みを帯びるが、春からは鮮やかな葉色に。

ヘデラ ‘ホワイトメインハート’

g

ウコギ科、耐寒性常緑つる性木本 深い切れ込みのある濃い緑葉に、不規則に白い斑が入る。冬はほんのりピンクを帯びる。

ヘデラ ‘レディケイ’

h

ウコギ科、耐寒性常緑つる性木本 葉は比較的小型で、切れ込みは少なく丸みがある。濃い緑はどんな花色とも相性がよい。

作り方

1

土を薄く入れ、スリットCにパンジー(1)を植える。続いて、スリットB→Dの順に、プリムラ・ジュリアン(2、3)を、パンジーより少し上の位置に植え、全体に丸みを作る。

2

スリットAにパンジー(4)を植え(写真)、スリットEにスイートアリッサム(5)を植える。1のプリムラ・ジュリアンより少し高い位置に植えると、正面から見て丸い形に。

3

スリットCに、ヘデラ‘カリフォルニアゴールド’(6)を枝の流れを生かして植える。1で植えた花にかかりすぎないこと。その上にプリムラ・ジュリアン(7)を植える。

4

スリットBに、ヘデラ‘ホワイトメインハート’(8)を枝の流れを生かして植え、スリットDに、ハーデンベルギア(9)を植える。下に垂れる枝は、中央(スリットC)に流すように。枝は後で整えるのでそのままにしておく。

5

スリットBにプリムラ・ジュリアン(10)を、スリットDにプリムラ・ポリアンサ(11)を植える。鉢の縁が隠れるよう、スリットCのプリムラ・ジュリアンと同じ高さに。

6

上面の左端に、スイートアリッサム(12)を植える。先に植えた側面部分とつながって丸く見えるように。その右にスイートアリッサム(13)、その後ろにヘデラ‘レディケイ’(14)をふわっと手前に垂れるように植える。

7

右手前にプリムラ・ポリアンサ(15)を前に倒しぎみに植える。その後方に、パンジー(16)を植える。上面では、パンジーがいちばん高くなるように意識して植える。

8

7の右に手前から垂れるよう、ヘデラ‘ホワイトメインハート’(17)を植える。最後にヘデラ‘レディケイ’(18)を枝の流れを生かして植える。

9

4で植えたハーデンベルギアの上に向いた枝は、6で植えたヘデラ‘レディケイ’の垂れる枝先や葉と絡め、自然な雰囲気に仕上げる。

お手入れMemo　いずれの花も春まで次々と開花するので、花が終わったら花茎の根元でカットします。追肥も忘れずに。

ハンギングで使う土と資材

限られたスペースを有効に使って、空間を彩るハンギング。
吊るしたり掛けたりできるバスケットを使う以外、特別な用具や資材はいりません。

用土と肥料

植物が元気に育つために大切な、土と肥料について紹介します。基本は、寄せ植えを作るときと同じ。
通気性、保水性をよくし、生育がよくなる環境を整えましょう。

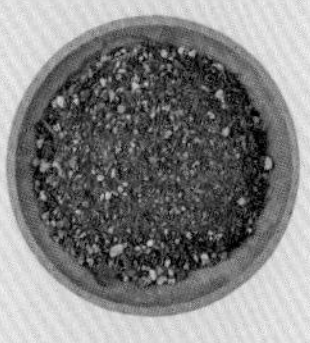

草花用培養土

寄せ植えなどに使う、市販の草花用培養土。すでに肥料が入っているものが多いのですが、次々花を咲かせる植物を植える場合は、元肥を加えると花つきがよくなります。

ハンギング用培養土

吊るしたり、掛けたりするため、ピートモスを主体に混合し、軽くなるように設計してあります。ただし、乾燥しやすいので、水ゴケで土の表面を覆うなどの工夫をしましょう。

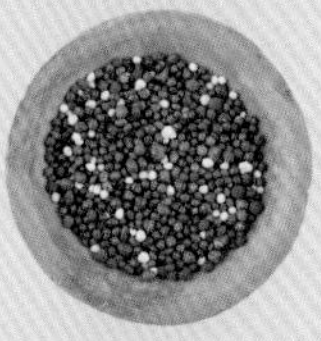

元肥

植えつけ時に用土に加え、苗の成長や活着を促します。緩効性タイプで、土に混ぜても肥料焼けしないもの、リン酸分が多めのものがおすすめです。使用量は、袋の表示に従ってください。

赤玉土（または鉢底石）

排水をよくするために、鉢の底に入れます。ココヤシファイバーなど排水性のよい素材を敷く場合は不要ですが、プラスチック容器などには、赤玉土の大粒か鉢底石を入れます。

土台に使う資材

アイアンなど隙間のある容器を使う場合は、土がこぼれないようにするために土台を作ります。
市販のマットのほかにもいろいろな資材があります。

ココヤシファイバー

天然のココヤシ繊維。軽くて通気性がよく、袋から取り出してほぐすと、ボリュームアップします。厚めに敷くのがコツ。

ココヤシファイバーマット

ココヤシファイバーが半球形に型押しされたマット。ハンギング容器に重ねるだけでよいので、手軽に使えます。

ハイゴケ

日本各地に自生しており、コケ玉用などに販売されています。主に土の表面を覆うマルチングとして使用します。

水ゴケ

湿地に生えるコケ類を乾燥させたもの。保水性、排水性がよく、バスケットの土台作りに重宝。水に浸し、軽く絞って使います。

水ゴケ＋腐葉土

ナチュラルな雰囲気にするために、水ゴケに腐葉土を混ぜたもの(p.83)。腐葉土の代わりに、落ち葉などを利用してもOK。

スパニッシュモス

天然のスパニッシュモスを着色し、乾燥させたもの。水に濡れたり、太陽に当たると、退色するので消耗品として活用します。

麻布

容器の大きさに合わせて簡単にカットでき、やわらかくて扱いやすい。ジュート麻独特の、ラフでナチュラルな雰囲気が素敵。

ココヤシファイバーマットのサイズが合わない場合

容器にちょうど合うサイズがない場合は、ひと回り大きいものを選ぶのがポイント。切れ込みを入れて、上手に調整しましょう。

△

マットが小さいと、容器の側面が覆いきれず、土がこぼれる。

1

ひと回り大きめのマットを選ぶ。容器に収まらなくてOK。

2

均等になるよう、側面3か所に切れ込みを深く入れる。

3

マットを容器に入れ、切れ込みを入れたところを重ね合わせる。

できあがり

基本の植え方

ポットから取り出した苗が、新しい鉢で順調に育つための大事な作業です。

1

鉢の底穴の上に鉢底ネットを敷き、鉢の深さの約⅙まで赤玉土の大粒（鉢底石でもOK）を入れる。排水性がよくなる。

2

1の上に草花用培養土を約半分の深さまで入れる。この段階で、ポット苗を使って6で行う土の高さ調整を行ってもよい。

3

緩効性粒状肥料を元肥として規定量加えて、培養土と軽く混ぜる。

4

苗をポットから取り出し、写真のパンジーの根鉢のように根がしっかり回っていたら、「かつらむき」をするように表面を取り除く。

5

回っている根を取る前（左）と後（右）では、ひと回り細くなる。根が回っていない根鉢は軽くもみほぐすと、新しい土と早くなじむ。

6

根鉢の高さ＋ウォータースペース（2cm）になるよう、土の高さを調整する。植える際、根鉢の上に新しい培養土をかけるのはNG。

7

鉢に苗を置き、鉢と苗の隙間に培養土を少量足し入れる。次に植える苗のスペースを確保するよう、手で寄せながら植える。

8

工程7のようにしてすべての苗を植え、隙間に土をまんべんなく足し入れる。最後に鉢底から出るまでたっぷりと水やりをする。

穴のあけ方

ブリキ製の雑貨類などは、排水用の穴やフック用の穴をあければ鉢として楽しめます。

●ドリルであける

フックを引っ掛けるなど、穴をあける位置を考えて印をつける。ドリルを持つ手とは反対の手でしっかり押さえて穴をあける。

●ポンチと金づちであける

穴をあける位置に印をつけ、ポンチ（太いクギでもOK）を当てて金づちで打って穴をあける。

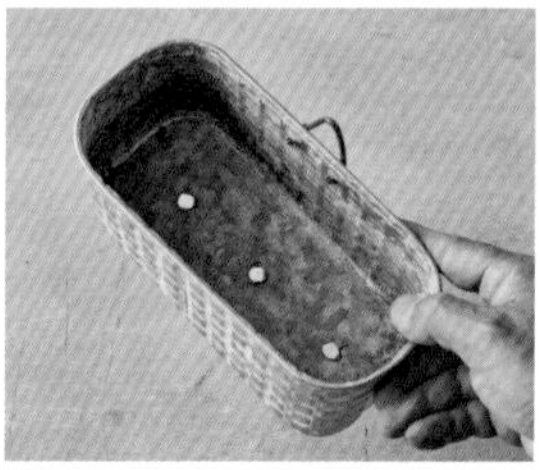

排水用の穴は、均等にあけること。写真は幅約20cmのブリキ製で、直径2cm弱の穴を3個あけた。穴が小さければ、穴の数を増やす。

季節ごとの管理のポイント

日々の手入れが負担になっては長続きしません。基本を知ったうえで、各季節のポイントがわかれば、植物との付き合いがもっとラクになります。

春

生育が旺盛なので、花がら摘みをまめに行い、きれいな花を楽しもう。十分に日の当たる、風通しのよい場所で管理すること。

初夏

気温の上昇とともに蒸れに注意。短めに切り戻しをするなど、風通しをよくすることが大事。梅雨どきは、長雨に当たらないよう軒下に入れる。

夏

強い直射日光で葉焼けしないよう、半日陰の場所に移動させる。秋に再び元気を取り戻し、開花するものも多いので、夏に切り戻しと追肥も忘れずにすること。

秋

春と同様、花がら摘みをまめに行う。再び元気に生育、開花するので、よく日の当たる、風通しのよい場所で管理すること。

冬

夜間は軒下や壁際に移動するなど、霜や寒風を避けることが大切。3月ごろからアブラムシが発生しやすいので、2月ごろから薬剤をまいて予防するとよい。

日々の手入れ

高い場所に飾るので風通しがよく、比較的病気になりにくいのが、ハンギングのメリット。どこでも好きな場所に移動しやすく、上手に管理すれば2～3か月は存分に楽しめます。ただし、台風や風の強い日は、取り外すなどの注意が必要です。

水やり

土の表面が乾いたら、水やりのサイン！

風通しがよく乾きやすいので、土の表面が白く乾いたら、鉢底から流れ出るまでたっぷりとあげるのが基本です。気候が穏やかで植物の生育もよい春と秋は、植物の上からたっぷりと（写真）。夏は蒸れやすいので、ジョウロのハス口を外したストレート口で、葉や花にかからない株間にかけます。水やりの頻度が減る冬は、午前中で太陽が昇った時間帯がベスト。気温が急激に下がる夕方から夜に濡れた状態では冷たく、寒さに強い植物にとっても過酷です。

春と秋は植物にかかってもいいので、上からたっぷりやる。

追肥

肥料切れにならないよう気をつけて

開花期が長く、花を次々と咲かせる植物には、養分切れにならないように追肥が必要です。固形肥料と液体肥料がありますが、固形肥料のほうが持続期間が長く、1か月程度は効きます。液体肥料は即効性タイプが多く、早く効きますが効果は10日程度。忙しい人は固形肥料が便利です。ただし、効力がなくなった後も固形物は残るので、気になる人は取り除いてください。植えるときに元肥を入れない場合は、植えつけ後に固形肥料を置いておきましょう。

固形肥料は表示された量を、鉢の縁3～4か所に分けて置くと全体に行き渡る。

花がら摘み

花を長く楽しむためのひと手間

咲き終わった花は、こまめに取り除きましょう。見映えが悪いだけでなく、結実のために養分が取られて花つきが悪くなったり、水やりの湿気などでカビが生えて病気が発生する原因にもなるからです。開花期間の長い植物は花がらを摘むことで、次のつぼみがつきやすくなります。

アイビーゼラニウムの花がら摘み。枝分かれしている花茎の根元や、葉のすぐ上で切る。

古葉取り

汚くなった古い葉は早めに取って

花がら摘みと一緒に、枯れた葉も取り除きましょう。見映えがよくなるのはもちろん、いつまでも古い葉を残しておけば、蒸れてカビが生え、病害虫の温床になりかねません。植物が元気に生育できるよう、清潔で風通しのよい状態を保つことが大切です。

黄色く退色した葉は、こまめに取り除く。

植物名索引

ア

カ

サ

タ

黒田健太郎 くろだ・けんたろう

埼玉県にある「フローラ黒田園芸」に勤務。
身近な植物の新しい魅力を引き出し、自由な発想でナチュラルな寄せ植えに仕立て上げるワザに定評がある。日々作品を紹介しているYouTubeやインスタグラムも人気で、全国から店を訪れるファンも多い。近著に『黒田健太郎のコンテナガーデン』(主婦の友社)ほか、『「選ぶ」「育てる」「ふやす」がうまくいく 多肉植物スタートBOOK』、『手づくりのスタンドに季節の花を 素敵に飾る小さな庭』(いずれも家の光協会)など著書多数。

フローラ黒田園芸
埼玉県さいたま市中央区円阿弥1-3-9
TEL　048-853-4547
YouTube　フローラ黒田園芸 ガーデニングチャンネル
インスタグラム　@kentarokuroda

＊本書は、2015年3月に発刊した『ハンギングを楽しむ寄せ植えノート』のコンテンツを使用し、新規項目を加えて再編集したものです。

ブックデザイン　縄田智子　佐藤尚美　L'espace
撮影　北川鉄雄
取材・文　山本裕美
校正　ケイズオフィス
DTP制作　天龍社
編集　広谷綾子

花合わせが楽しくなる フローラ黒田園芸の
ハンギングBOOK

2023年11月20日　第1刷発行

著　者　黒田健太郎
発行者　木下春雄
発行所　一般社団法人 家の光協会
〒162-8448 東京都新宿区市谷船河原町11
電話 03-3266-9029(販売)
03-3266-9028(編集)
振替 00150-1-4724
印刷・製本　図書印刷株式会社

ISBN978-4-259-56778-1 C0061